中文社会科学引文索引（CSSCI）来源集刊

中国人文社会科学期刊AMI综合评价核心集刊

珞珈管理评论
LUOJIA MANAGEMENT REVIEW

2024年卷 第2辑（总第53辑）

武汉大学经济与管理学院

WUHAN UNIVERSITY PRESS

武汉大学出版社

图书在版编目(CIP)数据

珞珈管理评论.2024年卷.第2辑:总第53辑/武汉大学经济与管理学院.—武汉:武汉大学出版社,2024.3
ISBN 978-7-307-24308-8

Ⅰ.珞…　Ⅱ.武…　Ⅲ.企业管理—文集　Ⅳ.F272-53

中国国家版本馆 CIP 数据核字(2024)第 045533 号

责任编辑:范绪泉　　　责任校对:汪欣怡　　　版式设计:韩闻锦

出版发行:**武汉大学出版社**　　(430072　武昌　珞珈山)
　　　　　(电子邮箱:cbs22@whu.edu.cn　网址:www.wdp.com.cn)
印刷:武汉市天星美润设计印务有限公司
开本:787×1092　　1/16　　印张:9.5　　字数:231 千字
版次:2024 年 3 月第 1 版　　**2024 年 3 月第 1 次印刷**
ISBN 978-7-307-24308-8　　　定价:48.00 元

珞珈管理评论

LUOJIA MANAGEMENT REVIEW

中文社会科学引文索引（CSSCI）来源集刊
中国人文社会科学期刊AMI综合评价核心集刊

目　录

2024 年卷第 2 辑（总第 53 辑）

CONTENTS

珞珈管理评论

2024 年卷第 2 辑（总第 53 辑）

Luojia Management Review

No. 2, 2024（Sum. 53）

国有与私营风险投资的关系研究
——营商环境的调节作用[*]

● 吴义爽　　任虹宇

（安徽大学商学院　合肥　230601）

【摘　要】基于 2011—2019 年 30 个省份的面板数据，运用系统 GMM 和门槛模型实证检验了国有风险投资与私营风险投资之间的关系，进一步验证了区域异质性和门槛效应的存在。从整体水平上看，国有风险投资对私营风险投资产生了显著正向的促进作用，并受到营商环境的负向调节。进一步深入分析营商环境，发现营商硬环境在国有和私营风险投资之间的负向调节作用强于营商软环境，且营商环境各要素指标在二者之间的调节作用也存在差异。最后，利用门槛回归，发现存在一个最优营商环境区间使得国有风险投资对私营风险投资的正向挤入效应最大。研究结论有助于厘清国有和私营风险投资之间的关系及影响机制，对推动经济高质量发展具有参考意义。此外，从优化营商环境机制及提升国有风险投资有效性方面提出新视角下的政策建议。

【关键词】私营风险投资　国有风险投资　营商环境　挤入效应　动态 GMM 模型

中图分类号：F832.48　　　文献标识码：A

1. 引言

长期以来，国有和私营风险投资都是维护经济稳定和可持续增长的重要支撑力量，但二者之间的关系却一直存在争议。一方面，"互补论"认为，国有风险投资能够给被投资企业带来"认证"，得到了更多私人资本的青睐（Guerini and Quas，2016）。国有资本的参与不仅提升了风投行业的投资规模，还有效带动了其他风险投资机构对企业的投资（丛菲菲等，2019），存在"挤入效应"。另一方面，"替代论"认为，国有风险投资对私营资本的引导存在"投资期限错配"现象（徐明，2021），并没有发挥引导作用。除此之外，投资过程中的委托代理问题可能导致国有风险投资违背政

* 基金项目：国家自然科学基金面上项目"企业平台化转型的战略创业路径研究"（项目批准号：71972001）。

通讯作者：任虹宇，E-mail：rhy668edu@ 163. com。

策初衷倾向于满足"私人利益"（余琰等，2014），因此在一定程度上挤出了私营风险投资（黄鹏翔等，2021）。显然，这种争议必然会严重影响政府政策设计的理论基础、相应行动举措及其一致性。本文认为，国有和私营风险投资之间究竟是什么关系，对于当前全球经济疲软背景下我国经济稳定和高质量发展具有特别重要的理论和政策含义，亟待进一步深入探讨。

从实践的观察来看，营商环境较为优越的京津冀、长三角、珠三角地区的风险投资额占全国总额度的 80%（孙勇等，2021），私营风险投资非常活跃；而营商环境相对平庸的广大中西部地区，如果没有国有风险投资的引导、扶植和信号"配合"，私营风险投资可能处于"不活跃"或者"极度凋零"状态，加之风险投资活动在东部地区呈现出明显的集聚现象（Pan et al.，2016；孙勇等，2021），这将进一步加剧西部地区"无人问津"。进一步观察，这种状况与区域经济总量和发展水平的差异高度一致。据此，本文认为，国有和私营风险投资之间的关系可能受到营商环境的调节作用。也即，国有和私营风险投资并非互补或替代关系中"二选一"，区域营商环境的差异可能使得"互补"或"替代"关系的程度发生变化，也是关键的影响因素。

基于以上理解，本文拟从区域层面展开实证研究并对以下两个问题进行探讨：第一，国有风险投资对私营风险投资产生"挤入"还是"挤出"效应？第二，营商环境及其细分维度和指标如何影响二者之间的关系？因此本文尝试弥补现有研究的空缺，考察营商环境如何影响国有和私营风险投资之间的关系。

本文的主要贡献在于如下几方面：首先，丰富了风险投资宏观层面的研究，进一步明晰了国有风险投资和私营风险投资之间的关系。其次，重点探讨了营商环境如何影响国有和私营风险投资之间的关系，拓宽了风险投资研究的理论边界。对比考察了营商硬环境和营商软环境以及营商环境各要素影响国有和私营风险投资关系的差异，以此可以更好为实践提供理论指导。最后，不仅补充了中国情境下区域风险投资的研究，同时也为风险投资机构、初创企业融资约束和营商环境优化等相关文献提供新的经验证据。

2. 理论分析与研究假说

2.1 国有风险投资与私营风险投资之间的关系

私营风险投资倾向于投资处于活跃、资本市场发展成熟地区的企业，而真正面临资金短缺的初创企业却没有得到风险投资的支持（Bettignies，2008）。国有风险投资是介于市场和政府之间的政策执行工具，主要目标是引导私营风险投资的偏好，帮助资金短缺的企业"造血补能"，是国家政策导向的表征。从微观角度来看，国有背景的风险投资能与企业建立非正式关系机制产生政治关联，是一种特殊的亲密关系并且使得初创企业和风险投资机构受益。本文认为，国有风险投资能挤入私营风险投资主要体现在以下两个方面。

第一，国有风险投资可以为被投资企业传递优良信号，提高声誉、发挥认证作用。根据信号传递理论，国有背景的参与属于一种政策性"信号"，是政府和国有企业对特定区域特定企业政策扶持导向的外显。国有风险投资的进入能够带来新的"曙光"，不仅能给初创企业提供资金支持，还能给被投资企业背书、传递"积极"信号，发挥激励或监督作用、提高被投资企业的声誉（熊勇清和张志剑，2023）。已有研究表明，国有风险投资在投资过程中能够给被投资的初创企业带来一定的认证效应（Guerini and Quas，2016），向市场传达出积极、可信赖的强信号，吸引更多私营风险投资；Cumming 和 Li（2013）实证检验了美国政府投资基金的引导能够增加风险投资总额、吸引大量私人风险资本的进入。由于风险投资市场存在"羊群效应"，民营资本会仿效投资行为（刘井建等，2021），进一步增加了初创企业获取除国有资本外其他资金支持的机会（彭涛等，2022）。

第二，私营风险投资者可以充分利用国有企业和政府部门提供的信息和资源。对于投资机构而言，在跟随国有风险投资进入相关产业或企业后，可以与国有背景建立联系并较容易获取 IPO 的申请材料和内部审核信息，大大提高了初创企业 IPO 的机会和风险投资企业退出的成功率，因此拥有这种关系的企业能够吸引更多风险投资（张天舒等，2015）。除此之外，通过风险投资与政府、国有企业等建立的关系网络可以有效帮助其获得更多的投资机会、降低投资风险，帮助其获取更多的信息资源。基于组织合法性和资源基础观，私营投资者可以通过迎合政策导向，利用投资建立的关系网络获取更多稀缺资源和政府的"偏爱"，执行较低的税负标准，降低投资成本、提高投资绩效，增强市场竞争力（Cheng et al.，2017）。在这种情况下，私营风险投资者能享受到国有风险投资带来的增值优势，降低了投资的不确定性和高风险性，私营风险投资规模显著提升；另一方面，国有风投的进入在一定程度上减少企业与投资者之间的代理问题，也使初创企业得到融资机会（燕志雄等，2016）。

综上所述，一方面，国有风险投资能提高被投资企业声誉，向其他风险投资者传递优良信号，吸引私营风险投资机构进入，提升风投行业的投资规模（丛菲菲等，2019）；另一方面，私营投资者跟随国有风险投资的"步伐"能够与国有背景建立政治关联并且享受到特有的资源优势，降低了投资的风险、增加了投资项目的"吸引力"。因此，国有风险投资可以有效挤入私营风险投资。

由此可以提出假设：

H1：国有风险投资对私营风险投资的进入存在正向的带动作用，即国有风险投资能挤入私营资本，增加私营风险投资的整体投资规模。

2.2　营商环境的调节作用

追溯各国营商环境的情况，世界银行团队自 2002 年开始逐年发布《营商环境报告》，且被认为是极具权威性和知名度的项目报告，并把营商环境定义为企业从创建到退出所面临的外部环境的总和。综合我国国情来看，可以将营商环境定义为企业从事日常经营活动过程中所面临的一个动态的、综合的外部生态系统，主要涉及资本、人才、技术、政策、法制以及基础设施等因素，能够反映地区差异和总体水平（李志军等，2019）。为更好地指导中国实践，国内学者也掀起了一波营商环境指标与评价体系构建的热潮。张三保等（2020）结合"十三五"纲要和国务院的政策条例对中国各省份营商环境指数进行了量化，划分计算七大区域的营商环境得分情况。"中国城市营商环境评价研究"课题组（2021）基于生态系统理论，构建了包括公共服务、人力资源、市场环境、创新环境、金融服务、法治环境、政务环境 7 个方面的中国城市营商环境评价体系，在此基础上李志军（2021）又检测了重点城市群之间的营商环境差异。指标体系的构建为优化营商环境提供了理论基础，国内外学者们进一步探讨了营商环境对于企业、创业和经济发展的影响。

已有研究表明，营商环境好的地区，政府与市场关系较好，私营企业融资约束较小，有更强的动机进行投资（牛鹏等，2022），社会投资也偏好营商环境好的地区（董志强等，2012）。营商环境差的地区，企业制度成本较高，行政审批效率较低，信息不对称导致债权人难以了解被投企业，风险投资规模和数量也在一定程度上会受到约束。因此，可以推断营商环境与风险投资密切相关，并且在一定程度上能带动风险投资者的进入。进一步思考，营商环境好是否会削弱国有风险投资对私营风险投资的正向挤入效应呢？

前文提到，国有风险投资能够传递优质信号，其可利用的信息、资源、网络和保护机制等优势也成为私营风险投资的"助力车"。那么对于营商环境较差的地区，该地区经济发展水平较低、缺乏知识产权保护机制、金融基础相对处于弱势，因此国有风险投资与企业建立的"政治关系"可以作为克服环境缺陷的一种非正式替代机制（成果等，2020）。私营企业更希望借助政治关联应对信息不对称和投资市场法律框架不完善等现实问题，这种声誉机制的建立有利于传递强烈的信号。因此，国有背景的风险投资对于营商环境较差的地区更为重要，可以补充经济资源的缺失，从而摆脱经济发展落后对自身发展的阻碍。除此之外，国有背景的风险投资参与具有培育作用（Leleux and Surlemont，2003），即能够有效地帮助该地区激发市场活力、进一步完善政策制度、培育风险投资机构和新兴产业等。

而营商环境好的地区，风投机构能够有效地感知和识别外部机遇，减少了因信息不对称和不确定性带来的风险，私营风险投资可以利用风投网络、信息资源等发现高质量的投资项目，因此私营风险投资减少了以国有风险投资为参考而决定后续跟投的依赖程度。除此之外，政府作为重要主体也在为优化营商环境转变自身角色。政府简政放权使得市场充分发挥在资源配置中的决定性作用，投资者可以根据自身战略安排做出投资决策而非迎合政府偏好做出决策，国有风险投资对其正向的引导作用减弱。另一方面，营商环境较好，意味着该地区企业信用风险较低，政府审批企业信贷效率高，易从银行等获得外部融资（周泽将等，2020），因此企业可以较为容易地获取金融机构的贷款而不再只依赖于风险投资的支持，拓宽了融资渠道。

由此可以提出假设：

H2：营商环境负向调节了国有风险投资与私营风险投资之间的关系，即较好的营商环境弱化了国有风险投资和私营风险投资之间的正向关系。

3. 研究设计与研究数据

3.1 样本和数据来源

本文使用了 2011—2019 年 30 个省份面板数据集。风险投资数据来源于清科私募通数据库和 ifind

数据库，其他的观测数据主要来自 EPS、国家统计局和《中国统计年鉴》等资源与数据库。本文按清科私募通数据库公布的风险投资数据资料，统计了 2011—2019 年中国大陆 30 个省份（西藏除外）风险投资的投资事件数、投资金额，但是仍有大量数据缺失导致观测值较少，因此缺失数据主要是由 ifind 数据库补充得到，下载明细数据后手动收集投资企业的产权性质，使用 Excel 汇总、计算得到国有风险投资和私营风险投资的投资事件数和投资金额。营商环境中的法治环境相关指标主要是从中国裁判文书网和天眼查手工统计得到，其他指标的具体数据来源详见表 1。进一步利用 Excel 整理数据，用 Stata16.0 软件完成进一步的数据分析。

3.2 变量定义

3.2.1 被解释变量

对于风险投资的分类，本文参考余琰等（2014）把风险投资股权构成中涉及政府、引导基金和国有企业的均视为国有风险投资，风险投资股权构成中涉及私营和外资的视为非国有风险投资。因此本文借鉴 Cherif 和 Gazdar（2009）的研究，将各个省份风险投资额与各省份 GDP 的比值来衡量风险投资的强度。其中私营风险投资强度（lnPVC）用私营风险投资额与各省份 GDP 的比值来衡量，Stata16.0 操作时取对数处理。

3.2.2 解释变量

根据上述风险投资的分类，本文同样将国有风险投资强度（lnGVC）用国有风险投资额与各省份 GDP 的比值来衡量，由于存在 0 值，将比值加 1 后取对数处理。

3.2.3 调节变量：营商环境

本文借鉴并结合李志军（2021）、张三保等（2020）以及张三保等（2023）对营商环境的分类标准，将营商环境体系分成公共服务、人力资源、市场环境、创新环境、金融环境、法治环境和政府效率共 7 个一级指标，具体见表 1，并使用熵值法计算省级层面的各个指标数据得到营商环境指数。

表 1   营商环境评价体系

一级指标	二级指标	三级指标	数据来源
公共服务	天然气供应	供气能力/万吨	中国城乡经济数据库
	水利供应	公共供水能力/万立方米	中国城乡经济数据库
	电力供应	工业供电能力/万千瓦时	中国城市数据库
	医疗情况	医疗卫生服务/万人每张床	中国城市数据库

续表

一级指标	二级指标	三级指标	数据来源
人力资源	人力资源储备	高等院校在校生人数/万人	中国宏观经济数据库
		城镇单位就业人员/万人	国家统计局
	劳动力成本	平均货币工资/元	中国区域经济数据库
市场环境	经济指标	地区人均生产总值/元	中国区域经济数据库
		固定资产投资总额/亿元	国家统计局
	进出口	外商投资总额/亿美元	中国区域经济数据库
		进出口总额/万美元	中国区域经济数据库
	企业机构	规模以上工业企业数/个	中国区域经济数据库
创新环境	创新投入	科学支出/万元	中国宏观经济数据库
	创新产出	发明专利授权量/件	中国宏观经济数据库
金融环境	从业规模	金融业从业人数/万人	中国第三产业数据库
	融资服务	银行业金融机构各项存款余额/亿元	中国金融数据库
		银行业金融机构各项贷款余额/亿元	中国金融数据库
法治环境	社会治安	万人刑事案件数/件	中国裁判文书网
	司法服务	律师事务所数量/个	天眼查
	知识产权保护	专利执法结案数/立案数	国家知识产权局统计公报
政府效率	政府支出	地方财政一般公共预算支出(亿元)/地区生产总值（亿元）	中国宏观经济数据库、国家统计局

熵值法计算步骤具体如下：

第一步：指标标准化。式（1）和式（2）分别表示正向和逆向指标的标准化处理。其中，下标 t 表示年份（$t = 1, 2, \cdots, n$），i 表示省份地区（$i = 1, 2, \cdots, m$），j 表示各三级指标（$j = 1, 2, \cdots, k$）。$Q_{\max}$ 表示 j 指标的最大值，$Q_{\min}$ 表示 j 指标的最小值，X_{tij} 表示 t 年 i 地区 j 指标的数值，X_{tij} 表示经过标准化处理后的值。

$$X_{tij} = \frac{Q_{tij} - Q_{\min}}{Q_{\max} - Q_{\min}}, \quad t = 1, 2, \cdots, n, \quad i = 1, 2, \cdots, m, \quad j = 1, 2, \cdots, k \qquad (1)$$

$$X_{tij} = \frac{Q_{\max} - Q_{tij}}{Q_{\max} - Q_{\min}}, \quad t = 1, 2, \cdots, n, \quad i = 1, 2, \cdots, m, \quad j = 1, 2, \cdots, k \qquad (2)$$

进行平移。将 X_{tij} 均加 0.001 处理，得到 X_{ij}^{*}。

第二步：确定权重。P_{tij} 表示标准化后的各项指标数值的比重。

$$P_{tij} = \frac{X_{tij}^{*}}{\sum_{t=1}^{n} \sum_{i=1}^{m} X_{tij}^{*}}, \quad t = 1, 2, \cdots, n, \quad i = 1, 2, \cdots, m, \quad j = 1, 2, \cdots, k \qquad (3)$$

计算熵值。其结果以 E_j 表示。

$$E_j = -\frac{1}{\ln(nm)} \sum_{t=1}^{n} \sum_{i=1}^{m} P_{tij} \ln P_{tij}, \quad j = 1, 2, \cdots, k \tag{4}$$

计算冗余度。其结果以 G_j 表示。

$$G_j = 1 - E_j, \quad j = 1, 2, \cdots, k \tag{5}$$

计算权重。其结果以 W_j 表示。

$$W_j = \frac{G_j}{\sum\limits_{j=1}^{k} G_j}, \quad j = 1, 2, \cdots, k \tag{6}$$

第三步：计算营商环境综合评分。T_{ti} 为营商环境的综合得分。

$$T_{ti} = X_{tij}^{*} \times W_j, \quad t = 1, 2, \cdots, n, \ i = 1, 2, \cdots, m \tag{7}$$

通过熵值法计算得到的营商环境综合评分值较小，为了降低下文回归分析中其与其他变量之间的数量级差异，本文将上述的营商环境综合得分均乘以100。营商环境最后综合评分越高表明该省份区域营商环境越好。

3.2.4 控制变量

根据风险投资的相关研究，本文从环境、资源和人口特征三个方面选择7个对私营风险投资有一定影响的变量作为控制变量，主要的数据来源为EPS数据库、国家统计局和其他统计年鉴。具体如下：（1）城镇化水平（LE）采用城镇人口比重来衡量；（2）人口密度（PD），人口密度与经济发展关系密切，并且也是推进城市化进程的重要因素，因此增加该变量作为控制变量；（3）资源条件（WS）采用人均水资源占有量表示，反映水资源充沛程度；（4）交通设施水平（TI），采用公路里程数取对数来衡量，因为交通便利方面因素会影响企业的投资效率；（5）产业结构（IS），采用第三产业产值与第二产业产值的比值来衡量，地区产业结构的差异会影响企业投资决策；（6）环境规制（ER），采用工业污染治理完成额与工业增加值的比值来衡量，环境规制是保护环境的重要手段，过高的环境规制产生的环保成本会影响企业投资决策；（7）信息化水平（IL），采用邮电业务总量与地区生产总值比值来衡量，信息化水平的高低会影响当地市场的透明度，也在一定程度上影响企业投资。

变量定义与说明见表2。

表2 变量的定义与说明

指标	名称	符号	定　义	数据来源
被解释变量	私营风险投资	lnPVC	私营风险投资额与各地区GDP比值的对数	清科私募通数据库
解释变量	国有风险投资	lnGVC	国有风险投资额与各地区GDP比值加1后的对数	清科私募通数据库
	营商环境	YE	营商环境指数	国家统计局和EPS数据库等
控制变量	城镇化水平	LE	城镇人口/总人口	EPS数据库
	人口密度	PD	年末总人数/面积	EPS数据库
	资源条件	WS	人均水资源占有量	国家统计局

续表

指标	名称	符号	定 义	数 据 来 源
控制变量	交通设施水平	TI	公路里程数取对数	EPS 数据库
	产业结构	IS	第三产业产值/第二产业产值	EPS 数据库
	环境规制	ER	工业污染治理完成额/工业增加值	中国能源年鉴
	信息化水平	IL	邮电业务总量/地区生产总值	EPS 数据库

3.3　模型构建

为了检验 H1，探究国有风险投资与私营风险投资之间是否存在因果关系，本文构建以下模型：

$$\ln PVC_{i,t} = \alpha_0 + \alpha_1 \ln GVC_{i,t} + \alpha_2 Control_{i,t} + YearFE + ProvinceFE + \varepsilon_{i,t} \tag{8}$$

其中 i 和 t 分别代表省份以及年份，$\ln PVC_{i,t}$ 代表私营风险投资强度；$\ln GVC_{i,t}$ 代表国有风险投资强度；$Control_{i,t}$ 代表相关控制变量；$YearFE$ 为年份固定效应，$ProvinceFE$ 为省份固定效应；$\varepsilon_{i,t}$ 是随机扰动项。

为了检验 H2，探究营商环境在国有风险投资与私营风险投资之间是否存在调节关系，本文构建以下模型：

$$\ln PVC_{i,t} = \alpha_0 + \alpha_1 \ln GVC_{i,t} + \alpha_2 YE_{i,t} + \alpha_3 \ln GVC_{i,t} \times YE_{i,t} + a_4 Control_{i,t} + \\ YearFE + ProvinceFE + \varepsilon_{i,t} \tag{9}$$

模型中加入了营商环境 $YE_{i,t}$ 和交乘项（$\ln GVC_{i,t} \times YE_{i,t}$）来验证营商环境的调节作用。

风险投资具有一定的惯性，因此将被解释变量滞后一期处理，并且构建动态 GMM 模型进一步分析。具体如下：

$$\ln PVC_{i,t} = \alpha_0 + \alpha_1 \ln PVC_{i,t-1} + a_2 \ln GVC_{i,t} + \alpha_3 Control_{i,t} + u_{i,t} + \varepsilon_{i,t} \tag{10}$$

$$\ln PVC_{i,t} = \alpha_0 + \alpha_1 \ln PVC_{i,t-1} + \alpha_2 \ln GVC_{i,t} + \alpha_3 YE_{i,t} + a_4 \ln GVC_{i,t} \times YE_{i,t} + a_5 Control_{i,t} + u_{i,t} + \varepsilon_{i,t} \tag{11}$$

其中 $\ln PVC_{i,t-1}$ 代表因变量滞后项；$u_{i,t}$ 代表固定效应。

4. 实证分析与结果

4.1　描述性统计

主要变量描述性统计结果如表 3 所示。由表 3 结果可见，国有风险投资（lnGVC）的均值为 0.365，私营风险投资（lnPVC）的均值为 -1.171。营商环境（YE）的均值为 18.515。其他各变量的分布均在合理范围，此处不再赘述。

表3 各变量描述性统计

变量	样本数	均值	标准差	最小值	最大值
lnPVC	270	−1.171	1.279	−5.589	2.994
lnGVC	270	0.365	0.458	0	3.070
YE	270	18.515	13.699	3.120	87.063
LE	270	57.636	12.178	35	89.600
PD	270	28.642	11.521	7.640	58.210
WS	270	215.371	253.398	5.190	1601.830
TI	270	1.182	0.668	0.518	5.169
IS	270	11.669	0.846	9.400	12.728
ER	270	0.004	0.004	0	0.031
IL	270	0.051	0.041	0.014	0.236

4.2 相关性分析

表4是主要变量间的 Pearson 相关系数检验的结果。可以看出 lnPVC 和 lnGVC、YE、LE、PD、WS、IS、ER 之间都存在显著的相关性，其中，lnGVC 与 lnPVC 在1%的显著性水平上正相关，相关系数为0.794，初步证明国有风险投资与私营风险投资之间正向变动；lnPVC 与 YE 在1%的显著性水平上正相关，相关系数为0.459，一定程度上表明营商环境会对私营风险投资产生影响。

表4 各变量相关性分析

变量	lnPVC	lnGVC	YE	LE	PD	WS	TI	IS	ER	IL
lnPVC	1.000									
lnGVC	0.794***	1.000								
YE	0.459***	0.399***	1.000							
LE	0.602***	0.551***	0.539***	1.000						
PD	−0.121**	−0.143**	−0.117*	−0.160***	1.000					
WS	−0.104*	0.005	−0.291***	−0.324***	0.015	1.000				
TI	0.050	0.151**	0.026	0.072	−0.021	−0.104*	1.000			
IS	−0.434***	−0.444***	0.058	−0.637***	0.156**	0.065	0.004	1.000		
ER	−0.136**	−0.128**	−0.331***	−0.189***	−0.156**	0.085	−0.018	−0.175***	1.000	
IL	0.031	0.134**	0.121**	0.047	0.031	0.138**	0.238***	0.048	−0.168***	1.000

注：***代表 $p<0.01$，**代表 $p<0.05$，*代表 $p<0.1$，下同。

4.3 基准回归结果和动态 GMM 检验

表 5 的回归结果均以私营风险投资评价指标 lnPVC 为因变量。列（1）和列（2）是控制年份和省份的固定效应模型，结果均显著。其中列（1）表示加入核心解释变量 lnGVC、控制变量等进行回归，估计系数为 1.604，通过了 1% 的显著性水平检验，说明国有风险投资对私营风险投资产生了显著的正向促进作用，验证了 H1。而列（2）表示加入调节变量营商环境（YE）及其交乘项进行回归，交乘项的估计系数为−0.027，通过了 5% 的显著性水平检验，说明营商环境在二者之间起到了负向调节的作用，验证了 H2①。具体而言，营商环境好的地区进一步降低了国有风险投资对私营风险投资的促进作用，这可能是因为国有风险投资的认证和"背书"在营商环境较差的地区效果更佳，因此促进了私营风险投资的进入；而在营商环境较好的地区，私营风险投资不会依赖于国有风险投资带来的认证或者其他增值作用，能够自主地利用该地丰富的网络资源，拓宽获取被投资企业信息的渠道。

表 5   国有风险投资对私人风险投资的基准回归、动态 GMM 检验、2SLS 检验以及分组回归结果

变量	FE		SYS-GMM		2SLS	
	（1）	（2）	（3）	（4）	（5）	（6）
L. lnPVC			−0.186* (−1.80)	−0.101 (−0.79)		
lnGVC	1.604*** (8.26)	2.062*** (7.31)	2.992*** (4.16)	5.185*** (3.43)		0.983*** (3.59)
YE		0.044* (1.92)		0.100* (1.89)		
lnGVC×YE		−0.027** (−2.31)		−0.090* (−1.73)		
IV-lnGVC					39.039*** (5.29)	
LE	0.080** (2.14)	0.025 (0.56)	0.022 (0.46)	−0.088 (−1.06)	−0.021* (−1.75)	0.049 (1.53)

① 本文主要从国有和私营关系角度出发，探讨营商环境的调节作用。其中营商环境负向调节二者之间的关系并不意味着不需要进一步优化营商环境，与现有研究并不冲突，仅仅是表明在营商环境好的地区，国有风险投资引导效果减弱，因此可以减少借助国有风险投资这种方式来吸引私营风险投资，而在更好发挥挤入效应的地区利用国有风险投资，提高国有风险投资的有效性。

续表

变量	FE		SYS-GMM		2SLS	
	（1）	（2）	（3）	（4）	（5）	（6）
PD	0.003 （0.23）	−0.003 （−0.22）	0.037 （0.80）	0.003 （0.03）	−0.003 （−0.73）	0.000 （0.03）
WS	−0.001 （−0.86）	−0.001 （−0.82）	−0.000 （−0.30）	−0.003 （−1.06）	−0.003 （−0.09）	−0.001 （−0.86）
TI	0.166 （0.55）	0.253 （0.82）	1.030 （0.90）	1.756 （1.30）	−0.015 （−0.17）	0.183 （0.78）
IS	−0.348 （−0.31）	0.033 （0.03）	0.526 （1.15）	−0.930 （−0.96）	−0.883 ** （−2.44）	−0.961 （−0.89）
ER	23.121 （1.17）	22.628 （1.15）	−21.292 （−0.43）	−15.404 （−0.18）	16.061 ** （2.58）	37.103 （1.57）
IL	−5.063 （−1.45）	−3.616 （−1.01）	−6.375 ** （−1.98）	−5.173 （−0.90）	3.117 （1.53）	−2.121 （−0.57）
cons	−1.831 （−0.14）	−3.878 （−0.30）	133.344 （0.64）	199.421 （0.57）	11.279 *** （3.36）	5.535 （0.51）
year	控制	控制	控制	控制	控制	控制
province	控制	控制	控制	控制	控制	控制
观测值	270	270	240	240	270	270
R^2/AR（2）	0.450	0.463	0.182	0.409	0.824	0.753
Hansen Test			0.343	0.317		

注：括号内为 t 值；AR（2）和 Hansen Test 报告的值为 p 值，下同；列（5）至（6）括号内为 z 值。

为避免出现"伪回归"和"虚假回归"现象，保证总样本单位根检验结果的稳健性，对各变量数据进行单位根检验。本文采用两种常用的面板数据单位根检验法：LLC 检验、HT 检验。根据单位根检验结果，大多数变量通过 LLC 检验，但是在 HT 检验中发现仍有部分数据是非平稳的，存在单位根。在一阶差分后部分变量仍不平稳，因此，再次进行二阶差分处理，结果全部平稳，标记为二阶单整（见表6）。因此，本文继续进行协整过程。

表6　　　　　　　　　　　　　　　　　主要变量单位根检验

变量	LLC		HT		
	原值	一阶差分	原值	一阶差分	二阶差分
lnGVC	-7.638***	-7.825***	-0.233***	-0.393***	-0.556***
lnPVC	-13.378***	-17.173***	-0.286***	-0.470***	-0.622***
YE	-4.537***	-22.805***	0.558	0.826	-0.533***
LE	-6.205***	-8.453***	0.311	0.737	-0.259***
PD	-20.688***	-15.627***	0.199**	-0.139***	-0.624***
WS	-5.421***	-18.221***	0.011***	-0.405***	-0.596***
TI	-14.209***	-13.038***	0.372	0.336	-0.288***
IS	-7.141***	-59.162***	0.529	0.481	-0.380***
ER	-22.505***	-22.688***	0.027***	-0.458***	-0.708***
IL	3.206	-6.198***	1.058	0.788	-0.0820***

为了检验各变量之间是否存在稳定的长期关系，本文通过 KaoADF 检验对所有变量进行协整检验，结果表明各变量之间存在长期均衡关系（见表7）。

表7　　　　　　　　　　　　　　　　　模型协整检验结果

模型	统计量	p 值	结果
Model1	-3.400***	0.000	长期均衡
Model2	-3.736***	0.000	长期均衡

表5列（3）至（4）报告了动态面板数据模型的系统 GMM 方法的回归结果，以及纳入因变量滞后项的数据结果。从回归结果得到，私营风险投资滞后项（L.lnPVC）回归系数显著为负，表明私营风险投资具有明显的惯性特征，也意味着采用动态面板数据模型回归是合理的。为保证研究模型的有效性和稳健性，还需要观测序列相关检验与过度识别检验的结果：（1）AR（2）统计量的 p 值均大于 0.1，接受零假设，意味着扰动项不存在二阶序列相关；（2）工具变量的有效性检验结果显示，Hansen 检验的 p 值均大于 0.1，无法拒绝零假设，表明工具变量的选取是有效的。基于 AR（2）和 Hansen 检验报告的数值，其 p 值均大于 0.1，说明不存在自相关且工具变量均有效。因此，可以判定本文设定动态面板模型估计是适宜的，其回归结果是可靠的。从列（3）可以得到，国有风险投资（lnGVC）的回归系数为 2.992，依然显著为正，意味着国有风险投资会促进私营风险投资的增加，这说明采用动态面板数据模型并没有改变核心结论，再次验证了 H1。列（4）表示加入营商环境指数（YE）及其与国有风险投资的交乘项（lnGVC×YE）和控制变量

进行回归，交乘项（lnGVC×YE）的回归系数为−0.090且在10%水平上显著且小于0，表明营商环境具有较显著的负向调节作用，再次验证了H2。研究结果也初步具有稳健性，并在一定程度上缓解了内生性问题。

4.4 内生性分析与稳健性检验

4.4.1 内生性分析

为提升基准模型估计的稳健性，缓解内生性问题，考虑到国有风险投资与私营风险投资之间极可能存在着双向因果的内生关系，本文采用2SLS回归方法，借鉴吴超鹏和严泽浩（2023）的研究将国有风险投资密度（IV-lnGVC）作为工具变量，以期提高估计结果的无偏性。在控制上述内生性问题后，根据表5列（5）的回归结果，第一阶段工具变量与核心解释变量显著为正，表5列（6）表示第二阶段在引入工具变量后，国有风险投资对私营风险投资的影响系数为0.983，仍然在1%水平上显著为正，结论仍成立。除此之外，Kleibergen-Paaprk的F统计量为28.261，在1%的水平上显著，因而选取的工具变量是有效可靠的。综上所述，本研究的基准回归结果是稳健的。

4.4.2 稳健性检验

本文首先对主要变量和其他控制变量进行了1%水平的缩尾处理，再次回归后系数正负号未发生变动并且通过显著性检验，回归结果见表8列（1）至（4）。其次，选择替换解释变量和被解释变量的衡量方式，选择各类型风险投资的数量衡量国有和私营风险投资的强度，回归结果见表8列（5）至（8），相关系数显著且正负号未发生变化，通过稳健性检验。最后，变换样本区间。2014年国务院颁布了《关于创新重点领域投融资机制鼓励社会投资的指导意见》，该指导意见执行之后，我国开启了风险投资的新一波热潮，因此选取2014年之后的样本进行稳健性检验，回归结果见表8列（9）至（10）。

4.5 进一步分析：营商环境的进一步考察

4.5.1 营商环境高低分组

进一步思考，将营商环境取平均值后分成高营商环境水平组和低营商环境水平组，对比表9列（1）和列（2）得到的低、高营商环境水平分组的回归结果，国有风险投资在低营商环境组的系数为2.157，而在高营商环境组的系数为1.563，且在1%的水平上显著为正，这也说明相比营商环境较好的省份分组，国有风险投资对私营风险投资的带动作用在营商环境较差的省份分组更强，与前文的实证结果相呼应。

表 8 稳健性检验结果

变量	FE (1)	FE (2)	SYS-GMM (3)	SYS-GMM (4)	FE (5)	FE (6)	SYS-GMM (7)	SYS-GMM (8)	FE (9)	FE (10)
L.lnPVC			-0.198** (-2.25)	-0.109 (-0.82)			-0.336** (-2.02)	-0.142 (-0.95)		
lnGVC	1.685*** (8.89)	2.103*** (7.67)	3.054*** (4.54)	5.282*** (4.00)	2.184*** (27.89)	3.283*** (18.77)	2.867*** (4.25)	6.072*** (4.89)	1.752*** (7.18)	2.656*** (7.76)
YE		0.048* (1.74)		0.095 (1.63)		-3.916 (-0.86)		12.862 (0.58)		0.047 (1.51)
lnGVC×YE		-0.028** (-2.18)		-0.093* (-1.94)		-0.020*** (-4.73)		-0.082** (-2.04)		-0.054*** (-3.61)
LE	0.076** (2.13)	0.019 (0.42)	0.026 (0.51)	-0.103 (-1.05)	-6.211 (-0.98)	-5.480 (-0.92)	11.608 (0.73)	-10.422 (-0.30)	0.036 (0.55)	-0.072 (-1.03)
PD	0.003 (0.26)	-0.002 (-0.15)	0.066 (1.24)	0.036 (0.42)	2.528 (1.28)	2.990* (1.73)	22.236 (1.53)	14.920 (0.74)	0.002 (0.11)	-0.001 (-0.07)
WS	-0.001 (-0.88)	-0.001 (-0.90)	-0.001 (-0.59)	-0.004 (-1.32)	-0.011 (-0.09)	-0.049 (-0.48)	0.483 (1.06)	0.326 (0.61)	-0.001 (-0.56)	-0.000 (-0.48)
TI	0.178 (0.56)	0.250 (0.78)	-0.320 (-0.30)	0.836 (0.62)	109.375** (2.24)	55.521 (1.27)	92.579 (0.35)	-770.370 (-1.63)	0.066 (0.14)	0.068 (0.15)
IS	-0.146 (-0.14)	0.189 (0.17)	0.110 (0.22)	-1.373 (-1.02)	249.366 (1.41)	84.459 (0.53)	-98.553 (-0.73)	-220.807 (-0.49)	-0.187 (-0.12)	0.082 (0.05)
ER	12.535 (0.56)	12.684 (0.57)	-82.358* (-1.68)	-75.478 (-0.76)	-1235.124 (-0.39)	-1666.317 (-0.60)	696.058 (0.10)	-5349.883 (-0.55)	22.044 (0.92)	29.018 (1.24)

续表

变量	FE		SYS-GMM		FE		SYS-GMM		FE	
	(1)	(2)	(3)	(4)	(5)	(6)	(7)	(8)	(9)	(10)
IL	-5.964*	-4.089	-8.734***	-6.466	2105.655***	1569.714***	-143.733	-374.082	-4.742	-3.601
	(-1.72)	(-1.11)	(-3.37)	(-1.16)	(3.88)	(3.01)	(-0.17)	(-0.33)	(-1.15)	(-0.87)
cons	-3.968	-5.373	-147.610	-73.377	-2799.451	-858.292	61369.785	-149469.000	-2.056	0.245
	(-0.33)	(-0.44)	(-0.72)	(-0.23)	(-1.38)	(-0.47)	(1.04)	(-1.45)	(-0.11)	(0.01)
year	控制	控制	控制	控制	控制	控制	控制	控制	控制	控制
province	控制	控制	控制	控制	控制	控制	控制	控制	控制	控制
观测值	270	270	240	240	270	270	240	240	180	180
R^2/AR(2)	0.467	0.478	0.126	0.267	0.854	0.889	0.345	0.975	0.489	0.536
Hansen Test			0.389	0.280			0.533	0.721		

表9　营商环境不同维度回归的结果

变量	低分组	高分组	硬环境	软环境	公共服务	人力资源	市场环境	创新环境	金融环境	法治环境	政府效率
	(1)	(2)	(3)	(4)	(5)	(6)	(7)	(8)	(9)	(10)	(11)
lnGVC	2.157***	1.563***	1.994***	2.027***	1.824***	2.045***	1.908***	1.875***	1.986***	1.984***	0.754**
	(7.410)	(11.626)	(7.128)	(7.570)	(6.225)	(6.266)	(7.809)	(8.506)	(8.070)	(6.226)	(2.300)
YE_new			0.052*	0.029*	-6.155	54.341*	14.858*	13.239**	25.689*	-2.647	39.465
			(1.881)	(1.711)	(-0.360)	(1.921)	(2.306)	(2.068)	(1.949)	(-0.130)	(0.823)
YE_new× lnGVC			-0.025**	-0.022**	-5.536	-21.504*	-7.980**	-11.519***	-16.277***	-20.021	71.558***
			(-2.055)	(-2.337)	(-0.840)	(-1.828)	(-2.224)	(-2.708)	(-2.614)	(-1.474)	(3.272)
LE	0.009	0.052***	0.022	0.037	0.068	0.041	0.021	0.033	0.027	0.051	0.066*
	(0.671)	(5.334)	(0.477)	(0.873)	(1.479)	(0.962)	(0.456)	(0.809)	(0.638)	(1.229)	(1.772)

续表

变量	低分组 (1)	高分组 (2)	硬环境 (3)	软环境 (4)	公共服务 (5)	人力资源 (6)	市场环境 (7)	创新环境 (8)	金融环境 (9)	法治环境 (10)	政府效率 (11)
PD	0.006 (0.873)	0.002 (0.334)	-0.002 (-0.133)	-0.003 (-0.223)	0.000 (0.040)	-0.000 (-0.014)	-0.002 (-0.187)	-0.003 (-0.260)	-0.003 (-0.280)	-0.001 (-0.081)	0.002 (0.140)
WS	-0.000 (-1.394)	0.001** (2.381)	-0.001 (-0.802)	-0.001 (-0.856)	-0.001 (-0.869)	-0.001 (-0.836)	-0.001 (-0.809)	-0.001 (-0.854)	-0.001 (-0.796)	-0.001 (-0.814)	-0.000 (-0.184)
TI	-0.095 (-0.961)	-0.182 (-1.001)	0.254 (0.820)	0.247 (0.807)	0.162 (0.531)	0.255 (0.829)	0.270 (0.872)	0.273 (0.894)	0.258 (0.846)	0.166 (0.548)	0.113 (0.375)
IS	-0.097 (-0.646)	0.193 (1.581)	0.031 (0.027)	-0.048 (-0.042)	-0.553 (-0.483)	-0.107 (-0.096)	0.015 (0.014)	-0.190 (-0.172)	0.160 (0.138)	-0.463 (-0.416)	-0.458 (-0.416)
ER	21.457 (1.091)	10.592 (0.312)	23.619 (1.197)	21.932 (1.110)	24.892 (1.251)	27.632 (1.395)	23.825 (1.210)	22.345 (1.137)	21.752 (1.104)	23.358 (1.181)	21.075 (1.069)
IL	-1.873 (-0.321)	0.537 (0.175)	-3.260 (-0.897)	-4.194 (-1.189)	-5.832 (-1.568)	-4.711 (-1.354)	-3.112 (-0.870)	-4.242 (-1.216)	-3.761 (-1.058)	-5.664 (-1.615)	-6.495* (-1.888)
_cons	-1.232 (-0.543)	-6.662*** (-3.157)	-3.920 (-0.347)	-3.752 (-0.328)	-0.550 (-0.049)	-4.467 (-0.396)	-3.469 (-0.310)	-1.778 (-0.159)	-5.157 (-0.442)	0.097 (0.009)	-0.961 (-0.086)
year	控制	控制	控制	控制	控制	控制	控制	控制	控制	控制	控制
province	控制		控制	控制	控制	控制	控制	控制	控制	控制	控制
观测值	135	135	270	270	270	270	270	270	270	270	270
R^2	0.445	0.878	0.769	0.770	0.766	0.769	0.770	0.772	0.771	0.767	0.775

4.5.2 营商硬环境和营商软环境维度

为了更深入地了解营商环境优化在国有与私营风险投资之间的关系，进一步将营商环境降维分析。借鉴申烁等（2021）对营商环境的划分，将金融环境、创新环境、法治环境和政府效率归为营商软环境，将公共服务、市场环境和人力资源归为营商硬环境，根据每个一级指标在营商环境总指数中所占权重进行计算得到新的得分，代入回归模型考察营商软环境和营商硬环境在二者之间的调节作用。由表9可见，列（3）和列（4）分别为营商硬环境和营商软环境如何影响国有与私营风险投资之间关系的回归结果，估计系数分别为-0.025和-0.022，均在5%水平上显著为正。营商软环境和营商硬环境均在国有和私营风险投资之间产生负向的调节作用，且营商硬环境系数的绝对值要比营商软环境的系数的绝对值大，说明营商硬环境（公共服务、市场环境和人力资源）越好的地区，国有风险投资对私营风险投资产生的挤入效应越小。营商硬环境水平高的区域代表拥有公平竞争的市场环境、丰富的人才支持以及高效率的公共服务，私营风险投资者可以利用该区域良好的资源和条件自主地筛选项目并投资。

4.5.3 营商环境的一级指标

为进一步探究营商环境各一级指标在国有与私营风险投资之间的影响是否存在差异性，本文分别使用营商环境指标体系的一级指标，即公共服务、人力资源、市场环境、创新环境、金融环境、法治环境和政府效率作为调节变量进行实证检验，回归结果见表9列（5）至（11）。

在营商环境指数构成的七个一级指标中，负向调节显著性水平最高的指标是金融环境和创新环境，显著性水平在1%以内，相关系数分别为-16.277和-11.519；其次，具有5%以内显著性水平的指标为市场环境，相关系数是-7.980；再次，具有10%以内的显著性水平的指标是人力资源，相关系数为-21.504；最后，公共服务和法治环境的交互项系数分别为-5.536和-20.021，但不显著。这表明，随着市场化程度、创新水平、人力资源和金融环境等逐步提升，国有风险投资对私营风险投资的正向挤入效应均明显减弱，这是由于公平有序的市场环境、丰富的人力资源和积极创新的环境为微观的行为主体提供了较多的创业机会，且便利高效的金融体系也能够吸引大量私营风险投资进入，不再依赖国有风险投资的引导。而提升公共服务和法治环境虽能在一定程度上减少私营风投对国有风险投资的依赖，但稳健性欠佳。相反，政府效率与国有风险投资的交互项系数为正，在1%水平上显著，表明政府效率越高，国有风险投资对私营风险投资的挤入效应越大，换句话说政府参与反而提升了国有风险投资的引导效果。

4.5.4 非线性的挤入效应

前文基于线性模型验证了国有风险投资对于私营风险投资的促进作用，并且营商环境在二者之间起到了负向调节的作用。那么，是否当营商环境处于某一区间时国有风险投资产生的挤入效应更大，能实现最大化挤入私营风险投资？为进一步探究不同营商环境水平下，国有风险投资对私营风险投资是否存在非线性影响，因此本文选择门槛模型做进一步分析，以营商环境作为门槛变量，构建国有风险投资与私营风险投资之间非线性关系的门槛模型，参考 Hansen（1999）提出的门槛回归模型，本文以单门槛模型为例得到下列方程：

$$\ln PVC_{i,t} = \alpha_0 + \alpha_1 \ln GVC_{i,t} \times I(YE_{i,t} \leqslant \gamma) + \alpha_2 \ln GVC_{i,t} \times I(YE_{i,t} > \gamma) + \alpha_3 Control_{i,t} + u_{i,t} + \varepsilon_{i,t}$$

（12）

其中，$I(\ )$ 为示性函数，γ 为门槛变量营商环境（YE）的门槛值，其他变量含义与前文一致。

如表 10 所示，单一门槛在 10% 水平上显著，p 值为 0.097；双重门槛 p 值为 0.003，通过了 1% 的显著性水平检验，存在双重门槛效应，但三重门槛未通过显著性检验。因此，本文认为国有风险投资与私营风险投资之间的关系存在双重门槛效应。进一步，绘制了 LR 图观察门槛估计值和置信区间。如图 1 所示，曲线最低点对应在横轴上的数值为门槛值，与回归所得门槛值一致，即第一门槛值为 5.473，第二门槛值为 18.764，即国有风险投资在不同营商环境水平下会对私营风险投资产生非线性影响。

表 10　　　　　　　　　　　　　门槛效应检验结果

门槛	F 值	p 值	BS 次数	临 界 值		
				10%	5%	1%
单一门槛	9.95*	0.097	300	9.650	12.927	16.955
双重门槛	15.84***	0.003	300	9.364	10.883	14.518
三重门槛	6.73	0.770	300	18.059	23.462	31.896

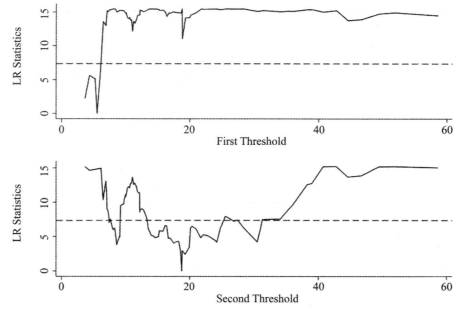

图 1　门槛估计值和置信区间

随着营商环境水平提高，国有风险投资会对私营风险投资产生不同的影响。如表 11 所示，营商环境水平低于第一门槛值 5.473 时，国有风险投资对私营风险投资的影响系数为 0.778，在 1% 的水平上显著，对私营风险投资表现出明显的挤入效应；当营商环境水平提高，介于第一门槛和第二门槛值之间时，国有风险投资对私营风险投资的影响系数变大且仍为正，通过了1%的显著性水平检验，说明国有风险投资对私营风险投资挤入效应变大；当营商环境水平大于第二门槛值18.764时，系数仍为正但促进作用效果减弱。营商环境提升使得国有风险投资产生的挤入效应减弱，市场更加透明、高效使得私营风险投资无须仅仅依靠"政策导向"，因此正向挤入效应减弱。也即存在一个最优区间，在该营商环境区间，国有风险投资对私营风险投资产生最大的挤入效应。

表11

门槛回归结果

变量	系数	标准误差	t	p 值	置信区间
lnGVC（YE≤5.473）	0.778***	0.166	4.69	0.000	[0.439, 1.117]
lnGVC（5.473<YE≤18.764）	2.410***	0.211	11.44	0.000	[1.979, 2.840]
lnGVC（YE>18.764）	1.427***	0.249	5.74	0.000	[0.918, 1.935]
LE	0.063***	0.022	2.83	0.008	[0.018, 0.109]
PD	0.010	0.015	0.67	0.506	[-0.020, 0.040]
WS	-0.001	0.001	-0.99	0.332	[-0.002, 0.001]
TI	0.377**	0.161	2.34	0.026	[0.048, 0.705]
IS	-1.445	0.992	-1.46	0.156	[-3.474, 0.583]
ER	-10.014	16.457	-0.61	0.548	[-43.672, 23.643]
IL	-5.418***	1.422	-3.81	0.001	[-8.326, -2.509]
cons	11.081	11.058	1.00	0.325	[-11.536, 33.698]

5. 结论和讨论

5.1 主要结论

中国经济实现持续、健康、平稳发展离不开国有经济发挥的作用，特别是在经济受到外部冲击的时候，探究国有风险投资如何高效引领私营风险投资是十分重要的。本文选择2011—2019年30个省份的风险投资数据，在营商环境的差异下，探讨国有风险投资对私营风险投资的挤入或挤出效应。结合基准回归和动态GMM检验结果来看，国有风险投资倾向于挤入私营风险投资，产生了较好的挤入效应。营商环境在其中起到了显著调节作用，即营商环境负向调节了国有风险投资与私营风险投资的关系。进一步研究发现，营商硬环境比营商软环境产生的负向调节作用更大；在营商环境的七个一级指标中，相比而言，金融环境、创新环境、市场环境和人力资源在国有风险投资和私营风险投资之间的负向调节作用更加显著。除此之外，国有风险投资和私营风险投资之间的关系受到营商环境水平的影响，存在一个最优区间使得该正向促进效果最大。

5.2 政策启示

本文的实证结果为科学管理国有风险投资、在营商环境差距下提升投资有效性提供了一种新的研判标准与审视思路，据此可以得到以下政策建议。首先，避免营商环境好的区域的投资过度或营商环境差的地区的投资不足，发挥积极的政策效果，推动经济高质量发展。具体而言，在发挥国有风险投资引导作用时还需要充分考虑风投市场的区域特征，避免"一刀切"而是按照区域发展水平、营商环境差异设立有区别的国有风险投资政策（Alperovych et al.，2020）。例如，营商硬环境以及各个细分环境（金融环境、创新环境、市场环境和人力资源等）好的地区可以适当减少国有风险投资的投入，加强引导效果。其次，各省份政府应当在一定程度上优化营商环境凸显地区风险投资市场的优势和吸引力。对于营商环境较差的省份而言，应重点提升营商环境以吸引更多风险投资的青睐，通过优化营商环境来体现"有效市场"，突破区域异质性的负向阻力，实现各省份、区域协调、交互发展，形成鼓励创业、宽容失败的氛围。最后，私营风险投资者应正视并充分利用国有风险投资的引导作用。国有风险投资在一定程度上推动了国民经济的发展，因此私营风险投资在营商环境较差的地区可以根据国有背景的投资导向，建立"先天优势"并缓解营商环境差等造成的阻力。

5.3 研究局限性与未来展望

首先，本文没有考虑国有风险投资的投资比例对于挤入、挤出资金的影响，而已有研究表明政府引导基金投资比例越大，则越倾向于挤出其他风险投资者（燕志雄等，2016）。未来可以综合考虑企业接受的投资比例，进一步分析对私营风险投资的挤入或挤出效应。其次，国有风投并不是在所有行业都能促进民营资本的跟投，未来可以区分不同行业或者考虑新兴产业领域的异质性，增加对风险投资研究的细粒度。最后，在宏观层面上看，国有风险投资确实挤入了私营投资，但是在微观层面初创企业是否真正缓解其面临的融资约束问题还尚未涉及，未来可以从微观层面探讨。

◎ 参考文献

[1] 成果，陶小马，金旭晔. 政府背景风险投资对创新的甄选与培育效果——不同区域环境视角的检验 [J]. 科技进步与对策，2020，37（12）.

[2] 丛菲菲，李曜，谷文臣. 国有创投资本对民营资本的引导效应研究 [J]. 财贸经济，2019，40（10）.

[3] 董志强，魏下海，汤灿晴 . 制度软环境与经济发展——基于 30 个大城市营商环境的经验研究 [J]. 管理世界，2012（4）.

[4] 黄鹏翔，黄翔，黄天翔 . 国有风险投资挤入还是挤出私有风险投资——基于中国风险投资事件的事件史分析 [J]. 中国经济问题，2021（3）.

[5] 李志军，张世国，李逸飞，单珊 . 中国城市营商环境评价及有关建议 [J]. 江苏社会科学，2019（2）.

[6] 李志军 . 我国重点城市群营商环境评价及比较研究 [J]. 北京工商大学学报（社会科学版），2021，36（6）.

[7] 刘井建，李惠竹，郝康鑫 . 国有企业投资影响民营企业的机理与效应——基于同侪效应的仿效投资机制 [J]. 管理评论，2021，33（3）.

[8] 牛鹏，郑明波，郭继文 . 营商环境如何影响企业投资 [J]. 当代财经，2022（1）.

[9] 彭涛，黄福广，李娅 . 国有风险投资的有效性：认证与增值作用的比较研究 [J]. 管理评论，2022，34（1）.

[10] 申烁，李雪松，党琳 . 营商环境与企业全要素生产率 [J]. 经济与管理研究，2021，42（6）.

[11] 孙勇，樊杰，张亚峰等 . 中国风险投资的时空格局及其演进 [J]. 软科学，2021，35（11）.

[12] 吴超鹏，严泽浩 . 政府基金引导与企业核心技术突破：机制与效应 [J]. 经济研究，2023，58（6）.

[13] 徐明 . 政府引导基金是否发挥了引导作用——基于投资事件和微观企业匹配数据的检验 [J]. 经济管理，2021，43（8）.

[14] 熊勇清，张志剑 . 中国新能源车企的政治关联偏好及其对声誉投资的影响 [J]. 管理评论，2023，35（1）.

[15] 燕志雄，张敬卫，费方域 . 代理问题、风险基金性质与中小高科技企业融资 [J]. 经济研究，2016，51（9）.

[16] 余琰，罗炜，李怡宗，朱琪 . 国有风险投资的投资行为和投资成效 [J]. 经济研究，2014，49（2）.

[17] 张天舒，陈信元，黄俊 . 政治关联、风险资本投资与企业绩效 [J]. 南开管理评论，2015，18（5）.

[18] 张三保，康璧成，张志学 . 中国省份营商环境评价：指标体系与量化分析 [J]. 经济管理，2020，42（4）.

[19] 张三保，赵可心，张志学 . 中国省份营商环境：量化评估与横向比较 [J]. 珞珈管理评论，2023（1）.

[20] "中国城市营商环境评价研究"课题组 . 中国城市营商环境评价的理论逻辑、比较分析及对策建议 [J]. 管理世界，2021，37（5）.

[21] 周泽将，高雅萍，张世国 . 营商环境影响企业信贷成本吗 [J]. 财贸经济，2020，41（12）.

[22] Alperovych, Y. , Groh, A. , Quas, A. Bridging the equity gap for young innovative companies: The design of effective government venture capital fund programs [J]. Research Policy, 2020, 49 (10).

[23] Bettignies, J. Financing the entrepreneurial venture [J]. Management Science, 2008, 54 (1).

[24] Cheng, Z. , Wang, F. , Keung, C. , et al. Will corporate political connection influence the environmental information disclosure level? Based on the panel data of A-shares from listed companies in Shanghai stock market [J]. Journal of Business Ethics, 2017, 143 (1).

[25] Cherif, M. , Gazdar, K. Public institutions and venture capital in Europe: A cross-country panel data analysis [J]. International Journal of Public Sector Performance Management, 2009, 1 (3).

[26] Cumming, D. , Li, D. Public policy, entrepreneurship, and venture capital in the United States [J]. Journal of Corporate Finance, 2013, 23.

[27] Guerini, M. , Quas, A. Governmental venture capital in Europe: Screening and certification [J]. Journal of Business Venturing, 2016, 31 (2).

[28] Hansen, B. E. Threshold effects in non-dynamic panels: Estimation, testing, and inference [J]. Journal of Econometrics, 1999, 93 (2).

[29] Leleux, B. , Surlemont, B. Public versus private venture capital: Seeding or crowding out? A pan-European analysis [J]. Journal of Business Venturing, 2003, 18 (1).

[30] Pan, F. , Zhao, S. X. B. , Wójcik, D. The rise of venture capital centers in China: A spatial and network analysis [J]. Geoforum, 2016, 75.

Research on the Relationship between Government and Private Venture Capital: The Moderating Role of the Business Environment

Wu Yishuang　Ren Hongyu

(School of Business, Anhui University, Hefei, 230601)

Abstract: Based on the panel data of 30 provinces from 2011 to 2019, this article empirically analyzes the relationship between government venture capital and private venture capital by using the systematic GMM method and threshold model and further verifies the existence of threshold effect and regional heterogeneity. At the overall level, government venture capital has a significant positive crowding effect on private venture capital and is negatively regulated by the business environment. Further in-depth analysis of the business environment shows that the negative moderating effect of the hard business environment on government and private venture capital is stronger than that of the soft business environment, and the moderating effect of various factors of the business environment is also different between the two. Finally, by using threshold regression, it is found that there is an optimal business environment which makes the positive crowding effect of government venture capital to private venture capital maximum. The conclusion of this study is helpful to clarify the relationship and influence mechanism between government and private venture capital, which has reference significance for promoting high-quality economic development. In addition, the article puts forward some policy suggestions for optimizing the regional business environment mechanism and improving the effectiveness of government venture capital.

Key words：Private venture capital；Government venture capital；Business environment；Crowding in effect；Dynamic GMM model

专业主编：陈立敏

制造企业数字化转型的影响因素：述评与展望*

● 胡海波　卢海涛　周　洁

（江西财经大学工商管理学院　南昌　330032）

【摘　要】制造企业数字化转型已是大势所趋，如何帮助制造企业克服数字化转型的高失败率成为急需解决的关键问题。制造企业数字化转型的影响因素研究通过识别影响制造企业数字化转型的各类因素，能够帮助制造企业明确数字化转型的重点与难点，以提前做好应对准备，提高数字化转型的成功率。研究基于系统性文献综述方法对国内外重要期刊66 篇制造企业数字化转型影响因素的文献进行系统梳理，从推动因素与阻碍因素两方面构建制造企业数字化转型影响因素的分析框架。在此基础上，本研究提出制造企业数字化转型影响因素未来需要进一步关注的研究方向。研究结果对于明确制造企业数字化转型影响因素，提升制造企业数字化转型的成功率具有重要的理论与实践意义。

【关键词】制造企业　数字化转型　影响因素　数字技术

中图分类号：F270　　　　文献标识码：A

1. 引言

党的二十大报告指出，要坚持把发展经济的着力点放在实体经济上，加快制造强国与数字强国建设。作为制造强国与数字强国建设任务的核心交汇，制造企业数字化转型是顺应时代浪潮的必然选择（胡海波等，2022；刘学元等，2023）。制造企业数字化转型是制造企业创新应用数字技术，开展创新业态的战略变革过程，能够帮助制造企业提升可持续竞争能力、促进价值创造（Verhoef et al.，2021；田震和陈寒松，2023）。不同于一般企业的数字化转型，制造企业数字化转型过程更为复

---

* 基金项目：江西省宣传思想文化领域高层次人才专题项目"数字经济与实体经济的深度融合研究"（23ZXRC27）；江西省社会科学基金重点项目"数字化转型推动江西省制造企业高质量发展的路径与对策研究"（21GL03）；中国—中东欧国家高校联合教育项目"中国和保加利亚企业数字化转型合作研究"（2021116）；江西财经大学"企业创新与数字化转型研究"A 类学科创新团队项目；江西省"双千计划"哲学社会科学领军人才项目（jxsq2023203003）。

通讯作者：胡海波，E-mail：13133817079@163.com。

杂、涉及的环节更多且难度较大（张培和张苗苗，2020），主要体现在三个方面。一是技术要求高，制造企业数字化转型需要在不同的场景应用各种复杂的技术，如工业互联网、大数据、云计算、物联网等，这类技术在制造企业应用还不够成熟，且需要改变制造企业原有的技术体系、组织架构和经验模式，对制造企业的技术适应性提出了非常高的要求（Majumdar et al.，2021）。二是应用场景广，制造企业的产业链条较长，涉及从原材料采购到生产制造再到销售等诸多环节，并且企业内部还涉及业务层、工业层、设备层、数据层、管理决策层等多层次，其数字化转型要协同各环节和各层次，应用场景需要重构（Konanahalli et al.，2022）。三是转型成本高，制造企业数字化转型还包括制造过程的数字化转型，数字技术需要深入融合到生产制造与研发创新，有很多传统设备和工艺都需要数字化改造，技术开发投入大（Raj et al.，2020）。

尽管制造企业数字化转型这一议题重要且紧迫，但不少制造企业担心数字化转型可能面临的各类挑战，而往往不敢轻易开始数字化转型（Stentoft et al.，2021）。一方面，制造企业在数字化转型前面临资金短缺、人才不足等挑战，无法开始数字化转型（Singh & Bhanot，2020）；另一方面，制造企业担心数字化转型过程中存在的能力不足、人员冲突等挑战，失败的可能性大，更不敢轻易尝试数字化转型（Moeuf et al.，2020）。因此，有必要系统梳理制造企业数字化转型前以及数字化转型过程中的各类影响因素，帮助制造企业有针对性地提前做好应对挑战的准备，以更好地克服数字化转型的焦虑，推动制造企业数字化转型。

围绕制造企业数字化转型影响因素的议题，学者们从机遇、挑战、阻碍、利益等不同维度展开了讨论，大致可以归为两类。一是推动因素与阻碍因素（Stentoft et al.，2021），拥有数字化人才、降低成本、新的市场环境需求等成为制造企业数字化转型的驱动力；缺乏专业知识、短期战略、缺少员工支持、资源不足等成为制造企业数字化转型的阻碍，致使制造企业无法下定决心进行数字化转型。二是内部驱动与外部推动（张培和张苗苗，2020；朱秀梅和林晓玥，2022），企业高层支持、数字化投入、员工数字化技能等成为制造企业数字化转型的内部价值驱动力；市场竞争需求、数字技术成熟、政府财政支持等成为制造企业数字化转型的外部市场推动力。

现有研究对制造企业数字化转型的影响因素做了有益探索，但仍存在一些不足。一是未明确制造企业这一特殊对象，制造企业的数字化转型涉及采购、研发、生产、销售等多个环节（张培和张苗苗，2020），面临的影响因素更复杂，但现有不少研究将"企业"作为一个统称，没有聚焦于制造企业。二是现有研究没有建立起体系化框架，虽有研究从推动与阻碍因素、内部与外部推动等角度构建制造企业数字化转型的框架，但这类研究多是基于实证数据的归纳，内容完备性稍有欠缺，如未将准备度、前因、挑战、风险、失败这些同样属于影响因素的研究纳入体系化框架。三是未从影响因素本质出发，成功因素、决定因素、失败因素等只是影响因素的不同表述，如 Sony 和 Naik（2020）认为高层管理人员的支持是成功因素，Stentoft 和 Rajkumar（2020）认为高层管理人员的支持是驱动力，Ghobakhloo（2020）认为高层管理人员的支持是决定因素，但不同学者讨论的本质问题还是高层管理人员的支持，需要从具体影响因素出发，整合不同的表述。

综上，本研究采用系统性文献综述方法，梳理国内外研究中关于制造企业数字化转型的各种影响因素，构建制造企业数字化转型影响因素的体系化框架，并提出制造企业数字化转型影响因素未来可能的研究方向，为制造企业数字化转型可能出现的困境提供理论指导。

2. 概念界定与研究设计

2.1 概念界定

数字化转型是指通过创新使用数字技术、关键资源和能力，以实现根本性变革的过程，旨在改善实体（组织、商业网络、行业或社会），并重新定义其对利益相关者的价值主张（Gong & Ribiere, 2021）。随着数字化转型的快速发展，企业成为数字化转型的应用主体（胡海波和卢海涛，2018）。企业数字化转型是指企业利用数字技术实现组织结构、企业战略、业务流程、运营模式、企业文化、产品和服务等的转型，并最终创造新的价值主张（吴江等，2021）。企业数字化转型包含三个要素（吴江等，2021）。一是数字技术，包含在信息和通信技术中或由其启用的产品或服务以及与社交媒体、移动互联网、云计算和物联网等相关的技术（Vial, 2019），但实施或采用一项数字技术并不等于数字化转型。二是转型范围，关注产品、服务、业务流程、组织结构、商业模式、合作模式等的转变。三是转型结果，强调企业通过数字技术创造了新的价值主张。制造企业数字化转型在企业数字化转型概念的基础上还强调转型的对象是制造企业。本文探讨的"制造企业数字化转型的影响因素"包括制造企业正式开始数字化转型前的影响因素以及制造企业数字化转型过程中的影响因素两类。

2.2 文献检索策略

本研究遵循 Snyder（2019）提出的系统性文献综述步骤，按照制定搜索策略、文献搜索与筛选、文献分析与论文撰写等四个环节开展写作。

2.2.1 检索边界

为了能够客观分析制造企业数字化转型的影响因素，本研究首先确定了分析的文献领域。中文文献选择"中国知网"的中文社会科学引文索引（CSSCI）期刊来源的文献；英文文献遵循 Friesl 等（2020）的建议，选择英国商学院协会（ABS）推荐的学术期刊指南来确定期刊集。考虑制造企业这一核心研究对象，本研究首先确定了运营与技术管理、运筹学与管理科学领域，主要是这两个领域期刊所发表的文章多和制造企业相关。此外，制造企业数字化转型属于一般管理问题，因此增加一般管理、创新管理、创业管理以及战略管理等四个领域的期刊。为了保证论文的质量，本研究选择ABS 推荐的 3 星及以上的期刊（Friesl et al., 2021）。一是 3 星及以上的期刊多为领域内国际著名期刊，具有一定权威性及前沿性；二是国际著名期刊发表的文章均经过严谨的同行评审，发表文章的质量有保证（Keupp et al., 2012）。基于以上原则，最终确定了 81 本英文期刊，其中运营与技术管理领域 13 本期刊、运筹学与管理科学领域 27 本期刊、一般管理领域 21 本期刊、创新管理领域 7 本期刊、创业管理领域 9 本期刊、战略管理领域 4 本期刊，并通过 Web of Science 数据库进行文献搜索

（Verhoef et al. ，2021）。文献检索时间截至 2022 年 10 月 27 日。

2.2.2 检索关键词

由于"制造企业数字化转型影响因素"的相关论文无法直接通过关键词筛选，研究团队讨论决定先检索期刊中与"数字化转型"相关的文献，再人工筛选出与影响因素直接相关的论文。中文文献以"制造企业"并含"数字化转型""数字化转型"并含"影响因素""工业 4.0"为主题词，检索到 237 篇中文文献；英文文献以"digital transformation"或"digital technolog＊"或"manufacturing technolog＊"或"digital manufacturing technolog＊"或"digital manufacturing system＊"或"Industry 4.0"或"Industry 4.0 technolog＊"或"smart manufacturing"或"smart manufacturing technolog＊"或"smart production"或"smart production technolog＊"为主题词，检索到 931 篇英文文献。需要说明的是，工业 4.0（industry 4.0）指的是集成、适应、优化以及面向服务和可交互操作的制造过程，其本身是制造企业的数字化转型过程（Koh et al. ，2019），因此本研究将工业 4.0 及与之相关的智能制造（smart manufacturing）、智能生产（smart production）等均纳入英文文献检索的关键词。

2.2.3 文献筛选过程

通过阅读 237 篇中文文献与 931 篇英文文献的标题、摘要、关键词，对 1168 篇文献进行筛选，并确定纳入和排除的三条标准。（1）围绕本研究的核心问题"制造企业数字化转型的影响因素"，重点关注制造企业数字化转型的原因、影响因素、存在的问题等方面，对其他研究对象（如建筑行业、未说明企业类型等）或其他主题（如数字化转型的实施过程、产生的绩效等）的文章进行剔除；（2）对虽然在标题、摘要或关键词上与研究主题相关，但全文内容并没有与研究问题直接相关的文献进行剔除；（3）为避免遗漏重要文献，对确定纳入文献的索引与被引进行排查，补充 10 篇重要英文文献。最终，基于以上三条标准，确定 66 篇与本研究直接相关的文献（含网络首发文献），其中中文 12 篇，英文 54 篇。文献搜索完整过程如图 1 所示。

2.3 文献编码与分析

为了分析所选的 66 篇文献，研究团队首先建立了一个 Excel 工作簿，将 66 篇文献的来源期刊、发表时间、关键词、研究主题、研究方法、技术类型、关注的企业规模、国家类型等进行整理与归类。

本研究编码过程参考周冬梅等（2020）对创业研究文献编码的步骤。研究人员分为两个小组，由两个小组成员背对背单独编码，在每个编码环节结束后研究人员再互相核对结果，对存在争议的编码结果请领域专家来裁定，以进一步提升编码结果的客观性。首先，两组人员将 66 篇文献中与制造企业数字化转型影响因素相关的表述提取出来，并对文中的相关词语或短语进行初始编码，编码出的影响因素尽可能按照文章原有的表述概括为关键短语，将意思相近或表述相似的词归在一起，按照文章主题把编码的影响因素归为推动因素与阻碍因素两大类别。其次，对初级编码进行归类整

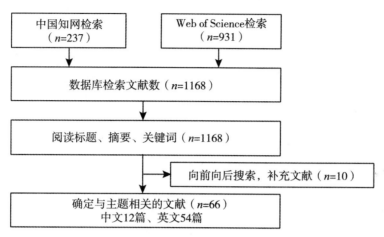

图 1 文献搜索过程

理，确定各类属间的从属关系，从而推动因素类别形成 12 个聚焦编码，阻碍因素类别形成 16 个聚焦编码。最后，在聚焦编码结果的基础上，归纳形成推动因素的数字技术基础、数字战略规划、组织与人力、经济基础、外部合作五个主题，以及阻碍因素的环境阻碍、经济阻碍、组织阻碍、人才阻碍和技术阻碍五个主题。

2.3.1 研究主题

本研究在初始编码过程中将编码出的短语归为推动因素与阻碍因素两大类别（如表 1 所示），主要原因是推动因素与阻碍因素区别较大，对两类主题编码的结果存在明显差异，将两者区分有利于编码结果准确性的提升，并且现有研究对影响因素的分析也多从推动因素与阻碍因素两方面分析，为本研究的研究主题分类提供了依据（Stentoft et al.，2021）。因此，本研究将明确有助于制造企业数字化转型的表述归为推动因素，如成功因素、机遇、准备度等；将明确阻碍制造企业数字化转型的表述归为阻碍因素，如失败因素、障碍、挑战等；将一些没有具体说明影响因素类型的积极因素归为推动因素中的积极影响因素一类。

表 1   研 究 主 题

影响因素类别	具 体 体 现
推动因素	成功因素、决定因素、促成因素、驱动力、准备度、机遇、利益、前因、优势、积极影响因素
阻碍因素	障碍、挑战、风险、失败因素

2.3.2 期刊分布

从文献发表的期刊分布来看，英文文献主要发表在 *Computers in Industry*、*IEEE Transactions on Engineering Management*、*International Journal of Production Research*、*Technological Forecasting and Social Change* 四本期刊，中文文献则没有特别明显的期刊分布。具体如表 2 所示。

表 2　　　　　　　　　　　　　　　　　期刊分布

英 文 期 刊	数量	中 文 期 刊	数量
Computers in Industry	11	科技管理研究	3
IEEE Transactions on Engineering Management	11	科技进步与对策	2
International Journal of Production Research	9	中国矿业大学学报（社会科学版）	1
Technological Forecasting and Social Change	9	南开管理评论	1
Production Planning & Control	4	科学学研究	1
International Journal of Production Economics	3	研究与发展管理	1
Annals of Operations Research	1	中国科技论坛	1
Supply Chain Management：An International Journal	1	经济社会体制比较	1
Journal of Purchasing and Supply Management	1	江西财经大学学报	1
Academy of Management Discoveries	1		
Technovation	1		
R&D Management	1		
California Management Review	1		
合计	54	合计	12

3. 主题分析

3.1 推动因素

制造企业的数字化转型需要数字技术基础、数字战略规划、组织与人力、经济基础、外部合作等五个因素的推动，因此制造企业在数字化转型前要充分利用五个方面的优势，以帮助制造企业更好地开展数字化转型。

3.1.1 数字技术基础

制造企业的数字化转型需要数字技术作为支撑。数字技术的快速发展为数字化转型提供了良好的基础，制造企业需要向外学习新的数字技术以实现技术的积累，才能真正推动其数字化转型。

第一，数字技术积累。制造企业数字化转型的基础和前提是数字技术已发展到一定程度（Ghobakhloo，2020），并且能够为企业所用。首先，物联网、大数据、人工智能等数字技术（Pacchini et al.，2019；Ghobakhloo，2020；Calabrese et al.，2021）以及数字基础设施（李晶和曹钰华，2022）逐渐成熟，企业具备运用数字技术的条件和基础（Wong et al.，2020），有利于企业连接机器、人员、网络和软件，企业为技术的使用提前做好了准备（Gürdür et al.，2019；Wong et al.，

2020），并开始经常性使用云服务与企业数据（Moeuf et al.，2020），已形成较好的数字技术积累。其次，制造企业通过改进信息共享系统（Luthra et al.，2020），提升企业内部系统的可靠性、互联性与兼容性（Chatzoglou & Michailidou，2019），实现集成能力与数字技术创新能力（Ghobakhloo，2020；池毛毛等，2022；李煜华等，2022）。最后，网络与数据安全也是推动制造企业数字化转型的重要因素，要保证企业的数据安全性（Ghobakhloo，2020；Sony & Naik，2020）。

第二，数字技术学习。制造企业通过学习数字技术经验能够减少数字化转型过程中的阻碍。制造企业拥有有关新数字技术的必要知识，能够判断数字技术的重要性（Chatzoglou & Michailidou，2019；Stentoft & Rajkumar，2020），并且吸收、学习同行业企业数字化转型的经验（Stentoft & Rajkumar，2020），形成自身的数字化能力。

3.1.2　数字战略规划

制造企业要想获得更为长期的竞争优势也需要做好数字战略规划，明确数字化转型给企业带来的优势，在企业内部高层的支持下制定好市场竞争战略与数字战略。

第一，市场竞争战略。制造企业数字化转型的目的是提升企业的核心竞争力，进而获得市场相对优势（Chatzoglou & Michailidou，2019）。一方面，制造企业旨在通过数字化转型提升企业内部竞争力（Moeuf et al.，2020）、缩短上市时间，实现大规模定制和个性化、卓越运营、战略整合等目标，同时企业可持续性承诺的日益激烈竞争已成为促使企业提出差异化战略以保持竞争优势的关键推动因素（Konanahalli et al.，2022）。另一方面，制造企业面临来自客户、供应商、主管部门、竞争对手等多方要求使用新的数字技术的压力（Stentoft & Rajkumar，2020；Stentoft et al.，2021），企业只有数字化转型，才能够追赶上行业发展水平（李煜华等，2022），维持自身的市场竞争力。

第二，数字战略。为落实数字战略，企业需制定战略规划，且其采用的数字技术需与战略保持一致（Sony & Naik，2020；Stentoft & Rajkumar，2020；Ghobakhloo，2020）。制造企业可以通过制定数字战略获得新的数字机会，实现数字业务跨越、数字生态嵌入（李晶和曹钰华，2022），并使产品和服务更加智能（Sony & Naik，2020）。

第三，内部高层支持。制造企业高层对数字化转型的态度影响企业数字化转型的成效（Masood & Sonntag，2020），因此需要得到企业内部（特别是管理层）的支持。一方面，企业家的冒险精神会推动企业的变革，愿意尝试新的技术（Stentoft & Rajkumar，2020；Ghobakhloo，2020；林艳和张欣婧，2022），改革其管理模式（李煜华等，2022）；当中高层管理人员意识到数字化转型的益处时也会制定有效战略，以实现企业数字化转型的平稳过渡（Sony & Naik，2020；Luthra et al.，2020；印静等，2023）。另一方面，企业如遇到更换管理层的组织变革也有可能导致其管理模式变化，尝试新的运营方式（Sony & Naik，2020）。

3.1.3　组织与人力

制造企业的数字化转型需要企业组织与人力资源的支持，企业的组织结构影响企业数字化转型的尝试，数字人力资源与数字文化是企业数字化转型尝试的保障。

第一，数字人力资源。人力资本影响制造企业的数字化转型。一方面，制造企业缺乏合格的劳动力（Stentoft & Rajkumar，2020；Stentoft et al.，2021），迫使企业需要通过数字化方式减少对劳动力的依赖，员工通过培训等方式能够基本满足数字化转型的人力需求（Moeuf et al.，2020；Ghobakhloo，2020）。另一方面，企业人员的数字化素质影响制造企业的数字化转型，如基层员工的数字化技能（Chatzoglou & Michailidou，2019；Stentoft & Rajkumar，2020；Sony & Naik，2020；Luthra et al.，2020）、高管的认知结构、首席数字官的动态能力、管理者数字化技能和知识积累等都会推动企业的数字化转型（胡青等，2021）。

第二，数字文化。制造企业需要了解企业是否具有适当的内部流程和文化以适应数字化转型的需求（Gürdür et al.，2019），并提前做好准备（Moeuf et al.，2020）。此外，企业人员的协作和团队精神以及员工使用数字化技术的行为习惯也会影响企业数字化转型的进程（Chatzoglou & Michailidou，2019）。

第三，企业结构。制造企业的结构影响企业决定是否需要数字化转型。大型制造企业与中小制造企业在资源、资金等方面存在较大差异，中小制造企业不敢轻易数字化转型，如 Masood 和 Sonntag（2020）指出公司规模影响实施工业 4.0 技术的中小型企业所得到的收益。此外，企业所有权（国有企业、私营企业等）、行业特征、主要股东的持股比例、财务杠杆、组织数字化、组织柔性等都会不同程度影响制造企业的数字化转型（Sony & Naik，2020；林艳和张欣婧，2022；李晶和曹钰华，2022），如私人控股公司更倾向于推动数字化转型，而补贴对企业数字化转型的决定没有重大影响。

3.1.4 经济基础

制造企业的数字化转型需要建立好经济基础，包括侧重当下的经济资源投入与侧重未来的合理绩效预期，为数字化转型提供资金基础。

第一，经济资源投入。制造企业数字化转型需要一定的投入，因此企业在人力、材料、机械、设备等资源上的投入会加速制造企业的数字化转型进程（林艳和张欣婧，2022），企业需要有经济上的自由以使用新的数字技术（Gürdür et al.，2019）。

第二，合理绩效预期。制造企业需要看到数字化转型可能带来的合理绩效才有可能推动企业开展数字化转型（Chatzoglou & Michailidou，2019；Ghobakhloo，2020）。制造企业数字化转型可以降低成本（Stentoft & Rajkumar，2020；Stentoft et al.，2021；Calabrese et al.，2021）、缩短上市时间（Stentoft & Rajkumar，2020；Stentoft et al.，2021）、提升对外合作水平（林艳和张欣婧，2022）、成功管理项目（Sony & Naik，2020）、减少生产时间、提升盈利能力、提升产出质量与生产率等（Calabrese et al.，2021），最终实现组织适应性、企业业务与运营的可持续发展（Sony & Naik，2020），并为企业履行社会责任提供支撑（Ghobakhloo，2020）。

3.1.5 外部合作

制造企业的数字化转型需要加强与外部的合作，如与供应链伙伴合作以及获取外部环境支持。

第一，供应链伙伴合作。制造企业需要改善与供应链中其他伙伴之间的关系，以更好地尝试数字化转型。制造企业以供应链环节的数字化改进生产流程（Sony & Naik，2020；李煜华等，2022），与各种合作伙伴紧密合作，以获得数字化转型技术，提升供应链成员之间的协作和透明度（Luthra et al.，

2020)，实现供应链内部效率的提升以及加强与供应链外部其他公司的联系。

第二，外部环境支持。外部环境的支持也会推动制造企业数字化转型。一方面，政府政策及财政支持（Luthra et al.，2020）、外商投资（林艳和张欣婧，2022）、法律变更（Stentoft & Rajkumar，2020；Stentoft et al.，2021）、营商环境改善等外部环境的变化会加速企业数字化转型；另一方面，为了赢得用户认可，制造企业可能会根据客户要求调整自身的数字化战略（Stentoft & Rajkumar，2020；Stentoft et al.，2021），如 Wong 等（2020）指出用户对资源和支持可用性的感知对制造企业使用区块链管理有积极影响。

推动因素的编码结果如表 3 所示。

表 3　　　　　　　　　　　　　　　推动因素编码结果

主要推动类别	子类别	推动因素的典型证据
数字技术基础	数字技术积累	数字化成熟度；技术推动：物联网、大数据、云计算、网络物理系统、协作机器人、增材制造（3D 打印）、增强现实、人工智能；运营技术成熟度；大数据成熟度、大数据管理、数据共享；数字基础设施；技术亲和力；技术准备；信息系统准备；经常使用企业数据；云服务；改进的信息共享系统和资源开发；兼容性；无缝集成能力；数字技术创新能力；网络与数据安全；网络安全成熟度
	数字技术学习	感知的有用性与易用性；知识本体；拥有有关新数字技术的必要知识，可以判断其重要性；看到别人做过的事情；制造企业数字化能力
数字战略规划	市场竞争战略	相对优势；提升企业内部竞争力；缩短上市时间；大规模定制和个性化；卓越运营；战略整合；可持续性承诺；面临来自客户、供应商、主管部门等使用新的数字技术的压力；竞争对手工业 4.0 实践；行业发展水平；企业竞争压力
	数字战略	工业 4.0 计划与组织战略保持一致；围绕新数字技术的明智战略；数字化的战略路线图；数字机会；数字业务跨越、数字生态嵌入；产品和服务更智能
	内部高层支持	内在价值驱动力；对工业 4.0 的态度影响收益；企业家精神；管理者愿意冒险尝试新的数字技术；变革开放性；高层管理人员的支持；管理支持和有效治理；管理模式变革（业务数字化管理、生产数字化管理、财务数字化管理）；管理组织变革（更换管理层）
组织与人力	数字人力资源	人力资本；缺乏合格的劳动力；员工培训；员工资格；数字化人才；员工的经验和态度；员工具有与新的数字技术一起工作的适当能力；员工有正确的动机去判断和使用新的数字技术；有特定技术技能的员工；劳动力在管理资源方面的知识和专长；高管的认知结构；首席数字官的动态能力；管理者数字化技能和知识积累
	数字文化	文化准备；做好提前准备；协作和团队精神；使用行为习惯
	企业结构	企业规模；企业所有权（国有企业、私营企业等）、行业特征、主要股东的持股比例、财务杠杆；组织数字化；工业 4.0 基础结构；组织柔性（战略资源柔性、组织协调柔性）

主要推动类别	子类别	推动因素的典型证据
经济基础	经济资源投入	资源准备；资源投入力度；有经济上的自由去使用新的数字技术
	合理绩效预期	预期收益；输出可用性；降低成本；缩短上市时间；提升对外合作水平；项目的成功管理；生产时间减少、盈利能力、产出质量、生产率；业务与运营的可持续性；企业社会责任政策
外部合作	供应链伙伴合作	供应链数字化；生产流程改进；供应链成员之间的协作和透明度；追求供应链内部效率的先进制造技术（组织内 IT）；寻求与供应链外部其他公司的联系（组织间 IT）；与各种合作伙伴紧密合作
	外部环境支持	外部市场支持；政府支持（政策、财政）；市场因素（外商投资）驱动；法律变更（例如 CE 标记）；获得用户认可；客户要求；资源促进条件；营商环境改善

3.2 阻碍因素

制造企业的数字化转型面临来自环境、经济、组织、人才和技术等五个方面的阻碍，这些因素阻碍了制造企业数字化转型的尝试，因此需要有针对性地提前做好这五个方面的准备，以减少制造企业数字化转型的顾虑，推动制造企业开始尝试数字化转型。

3.2.1 环境阻碍

制造企业的数字化转型面临环境阻碍。制造企业数字化转型不仅需要考虑自身基础，还需要考虑目前的社会环境对其数字化转型的利弊影响，特别是市场环境与法规等的不确定性对制造企业提出了新的挑战。

第一，市场不确定性。制造企业选择数字化转型面临很大的不确定性。一方面，外部市场充满不确定性，制造企业若参与数字化转型，可能无法得到外部市场的有效支持，缺乏利益相关者的参与，企业自身也很难前行（Saberi et al.，2019）；另一方面，用户等对技术的信任程度也影响制造企业数字化转型，企业可能面临数字化转型后的外部信任危机（Birkel & Hartmann，2019；Saberi et al.，2019）。

第二，合法性问题。尽管政府为支持企业数字化转型做了大量努力，但企业也担心外部环境不成熟所导致的数字化转型失败。一方面，数字化转型缺乏有效的法规标准，一些关键问题无法统一和标准化成为潜在的风险（Raj et al.，2020；Stentoft & Rajkumar，2020）；另一方面，法律法规、政策等的不确定性也让制造企业担心数字化转型过程中出现合法性问题（Cugno et al.，2021），存在信任风险（Saberi et al.，2019；Birkel & Hartmann，2019；Calabrese et al.，2021；Majumdar et al.，2021），可能出现侵犯版权等行为。

3.2.2 经济阻碍

制造企业的数字化转型面临经济阻碍。一方面，制造企业数字化转型面临外部的经济挑战，如经济风险；另一方面，制造企业数字化转型面临内部的经济挑战，如资金成本高、缺乏财务资源与预期效益。这些经济因素都有可能阻碍制造企业尝试数字化转型。

第一，面临经济风险。制造企业若尝试数字化转型通常面临很大的经济风险，如制造企业在供应链管理中使用物联网会面临零和竞争以及与业务模型相关联的经济风险（Birkel & Hartmann，2019），也有可能因引入数字技术导致目前生产延迟或停工。

第二，缺乏资金支持。制造企业数字化转型需要引进新的数字技术、招聘新的数字人才等，这需要大量的投资（Raj et al.，2020），实施成本高（Birkel & Hartmann，2019；Majumdar et al.，2021；Calabrese et al.，2021）。此外，制造企业没有足够的财务资源支持企业数字化转型（Saberi et al.，2019；Stentoft & Rajkumar，2020；Cugno et al.，2021），外部融资困难（Cugno et al.，2021），缺乏有效的投资（Karadayi-Usta，2019；Singh & Bhanot，2020）。

第三，缺乏预期收益。数字化转型存在很大的不确定性，制造企业对数字化转型的预期经济效果缺乏认知（Birkel & Hartmann，2019；Raj et al.，2020），使得制造企业数字化转型的尝试充满挑战。

3.2.3 组织阻碍

制造企业的数字化转型面临组织阻碍。数字化转型对制造企业提出了更高的要求，但不少制造企业缺乏战略愿景与认知，若要开始数字化转型，则面临缺乏管理能力与网络协同、过多依赖原有的组织流程等问题，使制造企业的数字化转型难以突破组织的束缚。

第一，缺乏战略愿景与认知。制造企业对企业数字化转型战略的重要性与实施缺乏了解（Stentoft & Rajkumar，2020），因此在制定策略时往往会比较犹豫或无法给予数字化转型支持（Saberi et al.，2019），只考虑短期战略（Moeuf et al.，2020），缺乏数字战略（Raj et al.，2020），也没有把数字化转型纳入企业战略远景。此外，数字化转型是一项长期工程，制造企业可能会更专注于现有的企业运营（Stentoft & Rajkumar，2020），可持续性考虑不够，害怕失败（Majumdar et al.，2021），对数字化转型缺乏长时间的耐心（Karadayi-Usta，2019），希望能够在最短时间内看到数字化转型的成效。

第二，缺乏管理能力。数字化转型对制造企业提出了更高的能力要求，如在实施大数据时面临治理难题（Konanahalli et al.，2022），也需要处理战略管理、运营管理等各个环节的难题（Birkel & Hartmann，2019），但可能的结果是制造企业无法改变现有的组织文化（Saberi et al.，2019），缺乏使用技术的新组织政策和知识管理系统（Saberi et al.，2019），最终导致无效的数字化变革（Raj et al.，2020）。

第三，缺乏网络协同。制造企业数字化转型不仅需要企业自身的力量，还需要协调好与各利益相关者之间的关系，因此常遇到网络相关利益者的阻碍。如制造企业数字化转型与大学或研究中心发展伙伴关系困难（Cugno et al.，2021），缺少供应商、供应链合作伙伴等认可（Karadayi-Usta，

2019），双方存在文化差异与标准差异（Saberi et al.，2019；Karadayi-Usta，2019），客户无法有效配合制造企业的数字化转型（Karadayi-Usta，2019），从而导致制造企业尝试数字化转型时网络协同较差。

第四，依赖流程惯例。制造企业数字化转型面临组织和流程变更的挑战（Birkel & Hartmann，2019），这不仅需要制造企业克服组织惯例（林艳和张欣婧，2022），克服流程变更对现有工作形成的干扰（Raj et al.，2020）；也需要制造企业做好更多的准备，以摆脱对流程惯例的依赖（Karadayi-Usta，2019；Konanahalli et al.，2022）。

3.2.4　人才阻碍

制造企业的数字化转型面临人才阻碍。数字化转型最根本的是人的转型，但制造企业多为传统企业，没有相应的人力资源能够应对数字化转型的挑战，特别是缺乏数字化人才、数字化知识以及配套的数字化培训机制，加上员工对数字化转型的不认同，加剧了制造企业数字化转型的难度。

第一，缺乏数字化人才。数字化时代对数字化人才的需求增加，然而制造企业数字化人才面临内外部双重压力。一方面，很多制造企业本身没有数字化人才（Stentoft & Rajkumar，2020；Singh & Bhanot，2020；Cugno et al.，2021；Majumdar et al.，2021），员工也没有做好数字化转型的准备；另一方面，市场普遍缺乏数字化人才，制造企业要找到能够满足数字化转型需要的人才更为困难（Karadayi-Usta，2019）。

第二，缺乏数字化知识。数字化知识的缺乏也是数字化人才缺少的一大原因。员工数字技能与企业需求存在较大差距（Raj et al.，2020；Konanahalli et al.，2022），同时数字化专业知识也无法满足企业数字化转型的需求，缺乏对数字技术的深入理解（Birkel & Hartmann，2019；Moeuf et al.，2020；Stentoft & Rajkumar，2020；Singh & Bhanot，2020；Cugno et al.，2021），无法为制造企业数字化转型提供有力支撑。

第三，缺乏数字化培训机制。除了外部引入，数字化人才还需内部培养，但很多制造企业并没有体系化的数字化人才培养机制。员工有增强数字化技能的需求，企业也有为员工提供数字化培训的责任（Stentoft & Rajkumar，2020），但很多制造企业尚在数字化探索中，无法建立有效的数字化人才培养体系（Karadayi-Usta，2019；Raj et al.，2020）。

第四，员工不认同。数字化转型是制造企业未来的战略变革方向，员工的关注与支持将会在很大程度上影响制造企业数字化转型的推进（Birkel & Hartmann，2019；Cugno et al.，2021）。与此同时，新技术的使用会引起内部员工不同程度的反对，甚至是抵制（Karadayi-Usta，2019；Raj et al.，2020），一些员工将数字技术视为增加对其工作监视的一种手段（Moeuf et al.，2020）。

3.2.5　技术阻碍

制造企业的数字化转型面临技术阻碍。数字化转型对数字技术提出了更高的要求，不仅要求外部市场数字技术成熟，还要求企业内部有良好的数字化基础设施，以匹配数字化技术的应用，但处在数字化转型探索阶段的制造企业往往缺乏成熟的技术以及良好的技术基础设施。此外，数据的质量以及采用数据技术出现的数据安全问题也会影响制造企业对数字化转型的态度。

第一，技术不成熟。数字技术的快速发展给制造企业数字化转型带来了新的挑战（Konanahalli et al.，2022）。一方面，制造复杂性对企业采用的数字技术提出了高要求（Masood & Sonntag，2020），然而，企业所需的数字技术目前并不成熟（Saberi et al.，2019；Raj et al.，2020），也没有较好的技术标准与规范（Birkel & Hartmann，2019；Cugno et al.，2021），企业引进数字技术无法保证效益；另一方面，数字技术发展速度太快，存在研发不力的情况（Majumdar et al.，2021），也有可能当制造企业最终决定所选择的技术时，这种技术已经过时，竞争对手已经在采用另外一种更为先进或效率更高的技术（Moeuf et al.，2020）。

第二，缺乏技术基础设施。制造企业数字化转型需要与之匹配的内部技术基础设施（Raj et al.，2020；Calabrese et al.，2021；Cugno et al.，2021）。一方面，数字化转型对企业内部的信息技术提出了更高要求，但制造企业往往没有足够的 IT 基础架构和网络覆盖来支撑数字技术的运用（Saberi et al.，2019；Karadayi-Usta，2019；Calabrese et al.，2021）；另一方面，设备管理问题更加影响制造企业的数字化转型，制造企业设备的软硬件功能等都需要根据数字技术做出调整（Singh & Bhanot，2020；Majumdar et al.，2021）。

第三，数据质量与数据安全问题。数据问题是制造企业最关切的问题（Singh & Bhanot，2020）。一方面，制造企业迫切希望数字化转型后的数据能为企业决策提供支撑，但数据治理问题是所有企业都面临的难题（Singh & Bhanot，2020），这很大程度依赖制造企业的数据质量（Raj et al.，2020；Konanahalli et al.，2022）；另一方面，很多制造企业担心数据安全及网络安全问题（Saberi et al.，2019；Birkel & Hartmann，2019；Singh & Bhanot，2020；Calabrese et al.，2021），一些企业基于自身数据保护不选择数字化转型，还有一些企业（特别是中小企业）网络安全意识不足，若开始数字化转型，则容易泄露数据，造成不可挽回的损失（Stentoft & Rajkumar，2020；Raj et al.，2020）。

阻碍因素的编码结果如表 4 所示。

表4   阻碍因素编码结果

主要阻碍类别	子类别	阻碍因素的典型证据
环境阻碍	市场不确定	市场竞争和不确定性、缺乏外部利益相关者的参与、缺乏行业对道德和安全做法的参与、缺乏奖励和鼓励计划；社会不确定的技术采用、监视和不信任；由于公众的负面看法而犹豫采用区块链技术
	合法性问题	缺乏法规和形式认证；缺乏标准和参考体系结构；缺乏法规标准；合规性问题；侵犯版权；法律和合同不确定性；政治风险；缺乏政府政策
经济阻碍	面临经济风险	零和竞争的创造；与业务模型相关联的经济风险；导致目前生产延迟或停工
	缺乏资金支持	实施成本高；工业 4.0 实施的大量投资；缺乏投资资源；没有财力支持数字化基础架构；财务资源太少；组织内的财务限制；外部融资困难
	缺乏预期效益	缺乏经济效益；未知的利润

主要阻碍类别	子类别	阻碍因素的典型证据
组织阻碍	缺乏战略愿景与认知	短期战略；缺乏数字战略；缺乏管理承诺和支持；对失败的恐惧；缺乏毅力：专注于结果而不是解决方案，对转型没有耐心；更专注于运营，而牺牲了公司发展的灵活性；犹豫不决更换新系统；对工业 4.0 的战略重要性缺乏了解；对新数字技术的战略重要性缺乏了解；对物联网的好处缺乏清晰的了解；工业 4.0 没有完全实施、变革管理战略不到位；工业 4.0 倡议中对可持续性考虑不够
	缺乏管理能力	治理问题；复杂数据管理、战略管理、运营管理、财务管理、人力资源等内部障碍；难以改变组织文化；缺乏使用技术的新组织政策；缺乏知识管理系统；无效的变革管理
	缺乏网络协同	缺少用户的认可；与供应商缺乏合作：没有标准化，合作伙伴之间没有共同语言；客户公司中组织或团队的缺席；价值链整合方面的挑战；信任问题、复杂的网络实施、高度协作和数据交换、供应链重新配置；客户缺乏对可持续性和区块链技术的认识；供应链中的协作、沟通和协调方面的问题；供应链合作伙伴之间的信息披露政策面临的挑战；与大学和研究中心发展伙伴关系困难
	依赖流程惯例	组织和流程变更；对现有工作的干扰；缺乏创新准备：路径依赖性
人力阻碍	缺乏数字化人才	人力资源太少；需要人才；缺乏合格的员工；缺乏员工准备；寻找合格人才的挑战：符合标准的就业困难
	缺乏数字化知识	技能差距；缺乏数字技能；缺乏专业知识；缺乏有关工业 4.0 和新数字技术的知识；对技术与人类之间相互作用的理解不足
	缺乏数字化培训机制	对增强技能的需求；需要对员工进行继续教育；缺乏用于培训人员的高级教育系统；缺乏内部数字文化和培训
	员工不认同	员工对工业 4.0 的态度；中层管理人员和蓝领工人反对变革的行为；对变革的抵制；组织内部员工关注
技术阻碍	技术不成熟	制造复杂性；技术带来的障碍；技术升级挑战；外部技术进步的速度；所需技术的成熟度低；区块链技术的挑战；技术缺乏标准和互操作性，硬件和软件限制；研发不力
	缺乏技术基础设施	缺乏网络基础设施；网络覆盖范围和 IT 设施不足；没有足够的 IT 基础架构；设备管理问题；缺乏设备标准化；设备灵活性障碍；设备的电源效率问题；无缝集成和兼容性问题；兼容性不足；硬件功能不足；常见软件问题
	数据质量与数据安全问题	以数据为中心的问题；数据处理；数据管理；数据质量；缺乏数据保护；有关数据安全性的不确定性；社会隐私问题；与系统有关的障碍：网络安全挑战

3.3 影响因素不同阶段作用分析

制造企业数字化转型前与转型过程中的影响因素均会影响制造企业的数字化转型结果。根据上述分析，本文进一步分析不同影响因素在数字化转型前与转型过程中的作用，存在三种情况。

一是影响因素在两个阶段均非常重要，如数字技术积累，制造企业数字化转型前的数字技术积累会增加制造企业数字化转型的信心，进而开始数字化转型；制造企业数字化转型过程中的数字技术积累会加快企业数字化转型的进度。二是影响因素在数字化转型前这一阶段更为重要，如缺乏资金支持，制造企业如没有充足的资金很难开始数字化转型，而一旦制造企业开始数字化转型，则说明企业已做好资金的准备，缺乏资金支持在这一阶段的作用相对较小。三是影响因素在数字化转型过程中这一阶段更为重要，如缺乏技术基础设施，尽管缺乏技术基础设施在一定程度上会影响制造企业开始数字化转型，但这不是主要影响因素；如果制造企业在数字化转型的过程中依旧无法解决技术基础设施缺乏的问题，将会严重影响制造企业数字化转型的进程。具体如表 5 所示。

表 5 影响因素在不同阶段的作用

因素分类	主要类别	子类别	阶段	
			转型前	转型过程中
推动因素	数字技术基础	数字技术积累	■	■
		数字技术学习	■	■
	数字战略规划	市场竞争战略	■	■
		数字战略	■	■
		内部高层支持	■	■
	组织与人力	数字人力资源	■	■
		数字文化		■
		企业结构	■	■
	经济基础	经济资源投入	■	■
		合理绩效预期	■	■
	外部合作	供应链伙伴合作		■
		外部环境支持	■	■
阻碍因素	环境阻碍	市场不确定性	■	■
		合法性问题	■	■
	经济阻碍	面临经济风险	■	■
		缺乏资金支持	■	■
		缺乏预期收益	■	■
	技术阻碍	技术不成熟	■	■
		缺乏技术基础设施		■
		数据质量与数据安全问题		■

续表

因素分类	主要类别	子类别	阶　段	
			转型前	转型过程中
阻碍因素	组织阻碍	缺乏战略愿景与认知	■	■
		缺乏管理能力		■
		缺乏网络协同		■
		依赖流程惯例		■
	人力阻碍	缺乏数字化人才	■	■
		缺乏数字化知识		■
		缺乏数字化培训机制		■
		员工不认同		■

注：表格"阶段"维度中标黑表示对应的影响因素在该阶段发挥作用相对较大，未标黑表示对应的影响因素在该阶段发挥作用相对较小。

需要说明的是，重要程度仅是相对概念，不同影响因素均对制造企业的数字化转型有作用，只不过在不同阶段可能发挥作用的程度不同。

4. 未来研究展望

现有研究为理解制造企业数字化转型影响因素奠定了很好的基础。本文在现有研究基础上提出制造企业数字化转型影响因素的四个研究方向（如图 2 所示）。

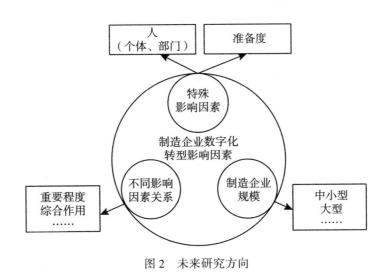

图 2　未来研究方向

4.1 探索不同影响因素的关系及重要程度

尽管本文从推动因素与阻碍因素两方面构建了制造企业数字化转型影响因素的分析框架，但并未探讨不同影响因素之间的关系及重要程度。因此，未来研究可以进一步探讨不同推动因素与阻碍因素之间的关系及重要程度。

第一，探索不同影响因素的重要程度。制造企业数字化转型影响因素的重要程度不一致，需要找出更为重要的影响因素，以帮助制造企业更好地准备。现有研究在探索影响因素重要程度的议题方面已有很好的尝试，如 Raj 等（2020）通过灰色决策试验和评估实验室（DEMATEL）方法分析了 15 个阻碍因素之间的关系及权重；Singh 和 Bhanot（2020）将灰色决策试验和评估实验室（DEMATEL）方法、最大平均去熵（MMDE）方法与解释结构建模（ISM）方法结合起来，用于分析制造企业实施物联网 10 个障碍因素的相互关系及权重；Moeuf 等（2020）通过德尔菲（Delphi）方法分析了中小制造企业数字化转型不同影响因素的重要程度。未来研究可在本研究提出的影响因素框架基础上，采用灰色决策试验和评估实验室法、德尔菲法以及解释结构建模等方法分析不同影响因素的重要性及其相互关系，帮助制造企业确定需要克服的主要障碍。

第二，分析不同影响因素的综合作用。制造企业的数字化转型是多种影响因素综合作用的结果，现有研究通过扎根理论方法分析了不同阶段制造企业数字化转型的多种影响因素（林艳和张欣婧），通过 QCA 方法分析了制造企业数字化转型影响因素组态路径（李晶和曹钰华，2022；李煜华等，2022）。但现有研究多基于"技术—组织—环境"（TOE）理论框架构建制造企业数字化转型的前因组态模型，对于企业战略、经济基础、人员准备等影响因素并未考虑全面。未来研究可在本研究提出的影响因素框架基础上，运用 QCA 方法探讨哪些影响因素的组合更有利于制造企业数字化转型。

4.2 关注中小制造企业数字化转型的影响因素

过往研究在探讨制造企业数字化转型影响因素的话题时，多把制造企业作为一个整体，而忽略了不同规模制造企业（如大型制造企业、中小制造企业）在数字化转型影响因素上的差异性。正如 Moeuf 等（2020）提及，现有研究没有特别关注中小制造企业。而作为制造业的骨干力量，中小制造企业在数字化转型方面发挥着重要作用（Mittal et al.，2018）。因此，未来的研究可重点关注两个方面。

第一，探索中小制造企业数字化转型的具体影响因素。与大型制造企业相比，中小制造企业在资金、资源、能力、人员、技术等各个方面都处于相对劣势，遇到的困难更多（Moeuf et al.，2020），因此其数字化转型影响因素也与大型制造企业存在明显的不一致且更复杂，未来可聚焦中小制造企业，重点关注其数字化转型的具体影响因素，并将其与大型制造企业进行对比。

第二，关注中小制造企业数字化转型的推动因素。尽管中小制造企业在数字化转型过程中呈现劣势地位，其影响因素也多为阻碍因素，但中小制造企业的规模属性某些程度上说也有助于企业数字化转型。一方面，中小制造企业管理结构、组织文化更加灵活，领导的个人影响强烈，对外部市场的响应也更加迅速，这些因素能够帮助中小制造企业在数字化转型过程中更具优势；另一方面，一些只针对中小制造企业的特殊推动因素也值得关注，如中小制造企业通过政治关联与政府建立联系以获取支持，有利于其数字化转型（王雪冬等，2022）；中小制造企业面临资源匮乏等困境，因此，在其数字化转型的过程中通常需要借助第三方专业服务机构的力量，与第三方服务机构协同可以减少双方的知识距离，提升中小制造企业数字化转型的效率（胡青等，2021）。未来的研究需要探讨哪些因素会影响中小制造企业数字化转型的成效，以及这些因素如何更有效地帮助中小制造企业数字化转型。

4.3 拓展制造企业数字化转型的准备度

准备度指的是组织准备完成任务的状态，成熟度指的是组织相对于任务已完成的发展水平，两者集中在制造企业数字化转型的不同阶段。准备度着重于企业数字化转型拟开始的阶段，以确定企业是否已经达到条件能够进行数字化转型；成熟度着重于企业数字化转型开始后的阶段，判断企业的数字化转型是否已经完成（Pacchini et al.，2019）。然而现有的研究大多将制造企业数字化转型的准备度与成熟度作为同一概念讨论（Pacchini et al.，2019），认为两者都是用来评估企业数字化能力。但已有学者指出制造企业数字化转型中的成熟度与准备度之间存在很大差异，需要将两者区分开来（Pacchini et al.，2019）。现有研究围绕制造企业数字化转型的成熟度方面已有丰富的研究成果（Bibby & Dehe，2018），未来研究需要更多关注制造企业数字化转型的准备度。

第一，识别制造企业数字化转型的准备度因素，分析制造企业要展开数字化转型前的准备工作，以应对数字化转型过程中可能的冲击。研究可采用扎根理论方法，选择处于数字化转型不同阶段的制造企业作为案例对象，提炼制造企业数字化转型的准备度因素。

第二，建立数字化转型准备度与企业绩效之间的关系，探讨何种数字化转型准备度因素会影响企业的绩效，如采用问卷法探讨企业不同数字化转型准备度因素对绩效的影响，再如采用QCA方法探讨不同数字化转型准备度因素的组合对绩效的影响。

第三，探讨准备度与战略之间的关系，分析不同准备度的企业如何选择战略转型方式，如准备度低的企业如何选择合适的战略转型方式以弥补"先天不足"，准备度高的企业如何选择合适的战略转型方式以持续保持领先。

4.4 关注人对制造企业数字化转型的影响

企业的数字化转型本质是人的转型，现有研究已经开始关注企业不同层级人员对数字化转型的影响，如普通员工、中层管理人员、首席数字官、数字化转型领导者、企业高管等（Brock & Von Wangenheim，2019），普遍关注不同角色如何促进企业数字化转型。未来对"人与制造企业数字化转型"议题的研究，可聚焦在制造企业，重点关注三方面的研究。

第一，继续关注个体对数字化转型的影响，特别是探索不同层级的角色如何推动企业数字化转型，强调推动数字化转型的过程与路径，以及不同层级（如高层、中层、基层）的企业员工在数字化转型的过程中应该各自发挥什么作用。

第二，从关注个体到关注责任部门，如制造企业为了更好地推进数字化转型，会成立专门的数字化转型部门或成立独立的数字化公司，或者交由企业 IT 部门，或者交由第三方公司来负责，未来可探讨不同的责任部门对企业数字化转型的影响。

第三，从关注个体角色到关注不同角色之间的互动，制造企业的数字化转型并非某一层级的推动，需要联合企业从上至下的思考与从下至上的执行，未来可探讨制造企业不同人员角色与部门之间的联合作用，如企业高层与 IT 部门、企业基层与数字化转型部门等的综合作用。

5. 研究总结

本文通过对 66 篇制造企业数字化转型影响因素的文献进行编码分析，深入探讨了不同类型及主题的制造企业数字化转型影响因素，弥补了现有制造企业数字化转型影响因素研究较为分散的问题，构建了制造企业数字化转型的影响因素整合研究框架（如图 3 所示）。主要结论与贡献如下。

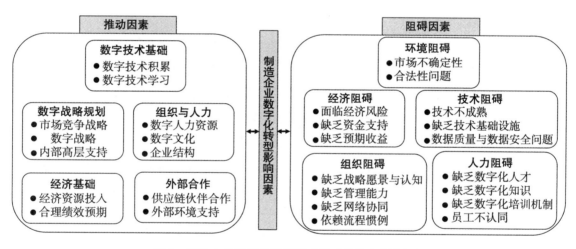

图 3　制造企业数字化转型影响因素的整合研究框架

第一，本文为制造企业数字化转型影响因素研究提供了一个全面、体系化的理论框架。现有制造企业数字化转型影响因素研究较为分散（朱秀梅和林晓玥，2022），尽管不同的研究人员已从内外部影响因素（张培和张苗苗，2020；朱秀梅和林晓玥，2022）、推动与阻碍因素（Stentoft et al.，2021）等角度对制造企业数字化转型影响因素归类，但均没有细化具体类别的内容。本文构建的制造企业数字化转型影响因素的整合研究框架不仅整合了现有制造企业数字化转型影响因素的不同研究，明确了制造企业数字化转型的内涵，更细化了推动因素与阻碍因素的具体内容。

第二，本文聚焦制造企业这一特殊企业类型，强调企业的"制造"属性。制造企业的数字化转型具有技术要求高、应用场景广、转型成本高等显著特征（Raj et al.，2020；Majumdar et al.，2021；Konanahalli et al.，2022），现有研究在探讨数字化转型影响因素议题时多以"企业"作为统称，未聚焦制造企业这一企业类型。本文发现制造企业数字化转型既有一般企业数字化转型所面临的资金、技术、人力等普遍性难题，又面临供应链、数据质量与安全等制造企业所面临的个性化问题。本文结论贡献于制造企业这一特殊企业类型的数字化转型影响因素研究。

第三，本文从影响因素的角度为制造企业数字化转型提供了一种可能的解决方案。制造企业的数字化转型影响因素包括制造企业正式开始数字化转型前的影响因素以及制造企业数字化转型过程中的影响因素两类。本文构建的制造企业数字化转型影响因素的整合研究框架能够帮助制造企业明确数字化转型的各类影响因素，以便提前做好应对举措，提升制造企业数字化转型的成功率（Stentoft et al.，2021）。

◎ 参考文献

[1] 池毛毛，王俊晶，王伟军．数字化转型背景下企业创新绩效的影响机制研究——基于 NCA 与 SEM 的混合方法［J］．科学学研究，2022，40（2）．

[2] 胡海波，卢海涛．企业商业生态系统演化中价值共创研究——数字化赋能视角［J］．经济管理，2018，40（8）．

[3] 胡海波，周洁，卢海涛．数字化转型推动制造企业高质量发展：基础、挑战与对策［J］．企业经济，2022，41（1）．

[4] 胡青，徐梦周，程杨．知识距离、协同能力与企业数字化转型绩效——基于浙江中小企业的多案例研究［J］．江西财经大学学报，2021（3）．

[5] 李晶，曹钰华．基于组态视角的制造企业数字化转型驱动模式研究［J］．研究与发展管理，2022，34（3）．

[6] 李煜华，向子威，胡瑶瑛，等．路径依赖视角下先进制造业数字化转型组态路径研究［J］．科技进步与对策，2022，39（11）．

[7] 林艳，张欣婧．制造企业数字化转型不同阶段的影响因素——基于扎根理论的多案例研究［J］．中国科技论坛，2022（6）．

[8] 刘学元，刘琦，宋格璇．知识产权保护对企业数字化转型的影响和机制研究［J］．珞珈管理评论，2023（5）．

[9] 吕桐弢．数字经济视域下算力盗用的双维风险及法治应对［J］．山东师范大学学报（社会科学版），2023，68（5）．

[10] 邱静，范钦钦．独立董事社会资本与企业数字化转型："资源依赖"还是"资源诅咒"［J］．商业研究，2023（3）．

[11] 田震，陈寒松．制造业企业何以构建数字化能力？——基于资源编排理论的案例研究［J］．管理案例研究与评论，2023，16（4）．

[12] 王雪冬，聂彤杰，孟佳佳．政治关联对中小企业数字化转型的影响——政策感知能力和市场感知能力的中介作用［J］．科研管理，2022，43（1）．

[13] 吴江，陈婷，龚艺巍，等．企业数字化转型理论框架和研究展望［J］．管理学报，2021，18

（12）.

［14］张培，张苗苗. 制造企业数字化转型类型与触发机制［J］. 管理现代化，2020，40（6）.

［15］周冬梅，陈雪琳，杨俊，等. 创业研究回顾与展望［J］. 管理世界，2020，36（1）.

［16］朱秀梅，林晓玥. 企业数字化转型：研究脉络梳理与整合框架构建［J］. 研究与发展管理，2022，34（4）.

［17］Bibby, L. , Dehe, B. Defining and assessing industry 4. 0 maturity levels—Case of the defence sector ［J］. Production Planning & Control, 2018, 29（12）.

［18］Birkel, H. S. , Hartmann, E. Impact of IoT challenges and risks for SCM［J］. Supply Chain Management: An International Journal, 2019, 24（1）.

［19］Brock, J. K. U. , Von, Wangenheim. F. Demystifying AI: What digital transformation leaders can teach you about realistic artificial intelligence［J］. California Management Review, 2019, 61（4）.

［20］Calabrese, A. , Levialdi Ghiron, N. , Tiburzi, L. 'Evolutions' and 'revolutions' in manufacturers' implementation of industry 4. 0: A literature review, a multiple case study, and a conceptual framework ［J］. Production Planning & Control, 2021, 32（3）.

［21］Chatzoglou, P. D. , Michailidou, V. N. A survey on the 3D printing technology readiness to use［J］. International Journal of Production Research, 2019, 57（8）.

［22］Cugno, M. , Castagnoli, R. , Büchi, G. Openness to Industry 4. 0 and performance: The impact of barriers and incentives［J］. Technological Forecasting and Social Change, 2021, 168.

［23］Friesl, M. , Stensaker, I. , Colman, H. L. Strategy implementation: Taking stock and moving forward ［J］. Long Range Planning, 2021, 54（4）.

［24］Ghobakhloo, M. Determinants of information and digital technology implementation for smart manufacturing［J］. International Journal of Production Research, 2020, 58（8）.

［25］Gong, C. , Ribiere, V. Developing a unified definition of digital transformation［J］. Technovation, 2021, 102.

［26］Gürdür, D. , El-khoury, J. , Törngren, M. Digitalizing Swedish industry: What is next?: Data analytics readiness assessment of Swedish industry, according to survey results［J］. Computers in Industry, 2019, 105.

［27］Karadayi-Usta, S. An interpretive structural analysis for industry 4. 0 adoption challenges［J］. IEEE Transactions on Engineering Management, 2019, 67（3）.

［28］Keupp, M. M. , Palmié, M. , Gassmann, O. The strategic management of innovation: A systematic review and paths for future research［J］. International Journal of Management Reviews, 2012, 14（4）.

［29］Koh, L. , Orzes, G. , Jia, F. J. The fourth industrial revolution（Industry 4. 0）: Technologies disruption on operations and supply chain management［J］. International Journal of Operations & Production Management, 2019, 39（6）.

［30］Konanahalli, A. , Marinelli, M. , Oyedele, L. Drivers and challenges associated with the implementation of big data within UK facilities management sector：An exploratory factor analysis approach ［J］. IEEE Transactions on Engineering Management, 2022, 69 （4）.

［31］ Luthra, S. , Kumar, A. , Zavadskas, E. K. , et al. Industry 4. 0 as an enabler of sustainability diffusion in supply chain：An analysis of influential strength of drivers in an emerging economy ［J］. International Journal of Production Research, 2020, 58 （5）.

［32］ Majumdar, A. , Garg, H. , Jain, R. Managing the barriers of industry 4. 0 adoption and implementation in textile and clothing industry：Interpretive structural model and triple helix framework ［J］. Computers in Industry, 2021, 125.

［33］ Masood, T. , Sonntag, P. Industry 4. 0：Adoption challenges and benefits for SMEs ［J］. Computers in Industry, 2020, 121.

［34］ Mittal, S. , Khan, M. A. , Romero, D. , et al. A critical review of smart manufacturing & industry 4. 0 maturity models：Implications for small and medium-sized enterprises （SMEs）［J］. Journal of Manufacturing Systems, 2018, 49.

［35］ Moeuf, A. , Lamouri, S. , Pellerin, R. , et al. Identification of critical success factors, risks and opportunities of industry 4. 0 in SMEs ［J］. International Journal of Production Research, 2020, 58 （5）.

［36］ Pacchini, A. P. T. , Lucato, W. C. , Facchini, F. , et al. The degree of readiness for the implementation of industry 4. 0 ［J］. Computers in Industry, 2019, 113.

［37］ Raj, A. , Dwivedi, G. , Sharma, A. , et al. Barriers to the adoption of industry 4. 0 technologies in the manufacturing sector：An inter-country comparative perspective ［J］. International Journal of Production Economics, 2020, 224.

［38］ Saberi, S. , Kouhizadeh, M. , Sarkis, J. , et al. Blockchain technology and its relationships to sustainable supply chain management ［J］. International Journal of Production Research, 2019, 57 （7）.

［39］ Singh, R. , Bhanot, N. An integrated DEMATEL-MMDE-ISM based approach for analysing the barriers of IoT implementation in the manufacturing industry ［J］. International Journal of Production Research, 2020, 58 （8）.

［40］ Snyder, H. Literature review as a research methodology：An overview and guidelines ［J］. Journal of Business Research, 2019, 104.

［41］ Sony, M. , Naik, S. Critical factors for the successful implementation of industry 4. 0：A review and future research direction ［J］. Production Planning & Control, 2020, 31 （10）.

［42］ Stentoft, J. , Adsbøll Wickstrøm, K. , Philipsen, K. , et al. Drivers and barriers for industry 4. 0 readiness and practice：Empirical evidence from small and medium-sized manufacturers ［J］. Production Planning & Control, 2021, 32 （10）.

［43］ Stentoft, J. , Rajkumar, C. The relevance of industry 4. 0 and its relationship with moving manufacturing out, back and staying at home ［J］. International Journal of Production Research,

2020, 58（10）.

［44］ Verhoef, P. C., Broekhuizen, T., Bart, Y., et al. Digital transformation: A multidisciplinary reflection and research agenda ［J］. Journal of Business Research, 2021, 122.

［45］ Vial, G. Understanding digital transformation: A review and a research agenda ［J］. The Journal of Strategic Information Systems, 2019, 28（2）.

［46］ Wong, L. W., Tan, G. W. H., Lee, V. H., et al. Unearthing the determinants of blockchain adoption in supply chain management ［J］. International Journal of Production Research, 2020, 58（7）.

注：因篇幅所限，纳入综述的 66 篇文献未全部列出，感兴趣的读者可来信索取。

Influencing Factors for Digital Transformation in Manufacturing Enterprises: A Literature Review and Prospects

Hu Haibo Lu Haitao Zhou Jie

（School of Business Administration, Jiangxi University of Finance and Economics, Nanchang, 330032）

Abstract: Digital transformation of manufacturing enterprises has become a major trend, and how to help manufacturing enterprises overcome the high failure rate of digital transformation has become a key issue that needs to be solved. By identifying various factors that affect digital transformation of manufacturing enterprises, this study on the influencing factors of digital transformation of manufacturing enterprises can help manufacturing enterprises clarify the focus and difficulties of digital transformation, so as to prepare for it in advance and improve the success rate of digital transformation of manufacturing enterprises. Based on a systematic literature review approach, this study systematically analyzes 66 papers on the influencing factors for digital transformation of manufacturing enterprises in important journals at home and abroad, and constructs an analytical framework for the influencing factors for digital transformation of manufacturing enterprises in terms of both enables and barriers. On this basis, this study proposes the future research directions that need to be further focused on the influencing factors for digital transformation in manufacturing enterprises. The research results have important theoretical and practical significance for clarifying the influencing factors of digital transformation of manufacturing enterprises and improving the success rate of digital transformation of manufacturing enterprises.

Key words: Manufacturing enterprise; Digital transformation; Influencing factors; Digital technology

专业主编：陈立敏

珞珈 管理评论
2024 年卷第 2 辑（总第 53 辑）

Luojia Management Review
No. 2，2024（Sum. 53）

打开员工职业成功的"黑箱"[*]
——机会与能力二元路径的比较研究

● 陶厚永[1]　张　蒙[1]　陈贝贝[2]　曹　伟[3]

（1　武汉大学经济与管理学院　武汉　430072；2　北京中冶泰信工程技术发展有限公司　北京　100006；
3　南京大学商学院　南京　210093）

【摘　要】基于社会流动理论的赞助—竞争性视角，构建了顺从领导到上级支持，再到职业机会以及工作能力的二元路径，揭示了员工如何在内卷背景下获得职业成功的机制。经 65 个团队的 255 份领导下属两阶段配对问卷分析，结果表明：（1）顺从行为更有可能通过上级支持而获得更多职业机会或提升工作能力；（2）上级支持及其赞助的职业机会，有助于员工获得主/客观职业成功；（3）上级支持下获得的竞争性工作能力，不能帮助员工实现职业成功。

【关键词】顺从行为　职业机会　工作能力　职业成功

中图分类号 C93　　　　文献标识码 A

1. 引言

随着组织的日趋成熟稳定，职业发展内卷现象尤为严重，职场中绝大多数资源已被先入者占据（谭劲松等，2021），使得后入者只能对少量的存量资源展开越发激烈的争夺（张珩等，2017）。有些人主动卷，有些人被迫卷，员工在内卷和躺平之间苦苦挣扎，职业向上流动的路径变得日渐艰难与模糊不清。2021 年智联招聘发布的《职场人企业文化认知调研报告》显示，"内卷严重、工作强度大"排在"职场人不愉快的工作经历"首位，很多员工表示，内卷会让他们所做的事情逐渐失去价值，价值感和幸福感不断降低，产生工作焦虑等一系列消极后果。

职业成功是指员工在工作中感知到的积极心理和取得的与工作相关的成就，包含主观和客观两

＊ 基金项目：国家自然科学基金面上项目"数智化转型期中小企业逆势拼凑二元模式的形成机理及节俭式创新的追踪研究"（批准号：72272116）；国家自然科学基金面上项目"玩时不忘初心：团队中玩兴的多重影响效应及其应对策略研究"（批准号：71872134）。

通讯作者：陶厚永，E-mail：taohouyong@ whu. edu. cn。

个方面（Seibert et al.，1999），前者体现为对职业的满意程度，与生活幸福感密不可分（Erdogan et al.，2012）；后者代表晋升机会和薪酬提升等组织奖励，是员工潜能开发、满足成长需要及实现自我价值的重要途径（周文霞等，2015）。对组织而言，在竞争激烈的市场环境中，具备高质量的人力资本利于组织持续发展。研究表明，获得职业成功的员工拥有能维持组织持续竞争优势所需的人力资本，能为组织创造价值。因此，如何帮助员工获得职业成功，是非常值得研究的话题。

关于如何在内卷的背景下获取职业成功，以往研究主要聚焦于个体差异（Spurk et al.，2019）、人力资本（Bagdadli et al.，2019）等因素，但组织支持尤其是领导支持无疑是决定员工职业成功最关键因素（Kazlauskaite et al.，2012）。近年来从互惠交换视角的研究表明师徒关系等对员工职业成功都具有显著的正向预测作用（韩翼和杨百寅，2012），但是由于领导下属交换最典型的特征是双方所掌握的权力和资源的不对称性，这就决定了下属一般不可能对等地回报领导，因而只关注领导下属间的互惠交换可能有些片面。实际上，更有可能是下属的表现得到领导认同，领导愿意为下属的职业成长提供支持，从而帮助其获得职业成功，特别是在差序格局的文化情境以及竞争门槛愈来愈高的当下，上级支持至关重要。俗话说，"做事不由东，累死也无功"，如果员工能在工作中顺从领导意愿，成为领导"意中人"，或被领导划为自己的"圈内人"，那么就有可能被给予更多的机会，或者在领导的支持下提高自身的能力，这无疑有助于其在职业发展内卷的背景下获得职业成功。

梳理现有文献，本文发现关于如何获取职业成功的研究，忽视了顺从行为以及上级支持在员工职业成功中发挥的作用（Al-Hussami et al.，2018）。有研究发现，下属的顺从行为会给其带来更多的有形和无形的工作资源（Dulebohn et al.，2012），对于员工的职业成功是至关重要的。站在员工职业发展的角度，探讨顺从领导对员工职业成功的影响及其作用机制对于揭示员工顺从领导背后的理论逻辑具有重要意义。Podsakoff 等（2000）认为顺从行为是员工对组织规则和程序的内化和接受，以及对这些规则和程序的遵守和忠诚追随。Cheng 等（2004）提出顺从行为是员工无条件遵从领导的指令。Marinova 等（2010）指出顺从行为可以推动领导者决策的顺利执行，有利于提高领导效能。本文聚焦的顺从行为主要是指下属因认同领导价值观等因素而在工作中表现出的服从和奉献行为，是一种正面的工作场所行为表现。

基于上述分析，本文进一步讨论了顺从行为在内卷背景下通向职业成功的具体机制，社会流动理论的赞助—竞争性流动观点提供了合适的视角，赞助性流动（sponsored mobility）和竞争性流动（contest mobility）（Cheung et al.，2016）是个体向上流动的两种模式，前者指个体的成功依赖于外界提供的机会，而后者则突出个体自身能力的重要性（Turban et al.，2017）。虽然已有研究证实了赞助性流动和竞争性流动能够为个体带来职业成功（Ng et al.，2005），但是，赞助性的机会和竞争性的能力从何而来，能否助力员工实现职业成功，以及中间的作用机制都缺乏深入的研究。本文从顺从行为入手，将上级支持以及领导作为赞助职业机会和获取竞争能力的重要来源，并重点关注职业机会——一种工作资源，直接满足员工能力发展和工作自主性的需要（Wu et al.，2019）和工作能力——考虑个人健康、工作条件和心理资源的情况下，个人完成工作任务的潜力（Ilmarinen et al.，2001）这两方面，揭示顺从行为到职业成功的作用机制。

本文主要有以下几个贡献：第一，内卷流行背后是员工对突破内卷的期待，然而要改变内卷现状，仅靠员工个人的努力显然不够，还需要领导的支持。本文从社会流动理论出发，研究员工如何在内卷的背景下，将顺从行为后得到的职业机会和工作能力的提升作为内卷突破的路径，从而丰富和拓展了职业发展"去内卷"的研究视角。第二，本文还对比验证了赞助性的职业机会和竞争性的工作能力这两条路径在实现职业成功过程中的具体作用，从而为员工如何在职业发展的内卷情况下赢得职业成功提供理论指导。

综上所述，本文提出研究模型如图 1 所示：

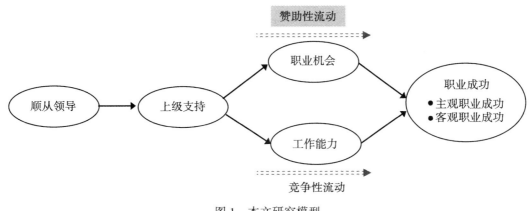

图 1　本文研究模型

2. 理论与假设

2.1　择路径：顺从行为以获得更多的职业机会和提升工作能力

职业内卷是由于内外部因素的限制，个体的职业发展空间逐步缩小、速度逐步降低，不管是能力、技术水平，还是职业机会，都处于无法突破的状态。突破职业内卷的重要路径是通过领导获得更多机会或者提高工作能力。由于领导与下属是明显的权力、依赖不对称的双方，员工希望与领导保持较为和谐的关系。Etzoni（1961）认为，顺从是领导影响力发挥的结果，而下属对领导的顺从主要基于三点考量：一是害怕领导惩罚，二是有利于自身利益，三是认同领导。站在员工职业发展的角度，顺从行为可以得到领导更多的支持，有利于突破"内卷"向上流动。

郑伯埙（1995）发现领导会根据下属的关系、忠诚和能力的差序程度对其分类，由此形成圈内人和圈外人，并进行差别对待，即相较于圈外人，圈内人会得到领导的偏私对待，诸如家人般的支持、更多的职业指导和晋升机会等。刘超等（2015）的研究表明上司为了发展自己的圈内人，会更认可忠诚下属的职场外逢迎，并在之后利用自己的权力或资源推动下属的职业生涯发展；而顺从行为则有利于保证双方行为的一致性，减少摩擦，有助于提高领导对实施顺从行为的下属的认同感。领导更愿意对认同的下属进行授权和分享信息，给予其较多工作自主权和决策影响力（陶厚永等，2014）。而上级支持正是反映下属从领导那里获得的与职业相关的支持的程度，因此实施顺从行为的员工更有可能被领导视为圈内人，进而从领导那里获得更多赞助性的职业机会以及在领导帮助下提升竞争性的工作能力。

基于社会流动理论，一方面，作为组织的代理人，领导通常是有限资源的把关人，可以使用和配置奖金、时间、信息等资源，能给员工带来更多社会资本。员工可以通过上级支持而掌握信息的先有权，率先发现隐藏在信息中的机会，因此下属的职业发展和未来的晋升机会依赖上级（Loi et al.，2014）。对于顺从的员工，上级会为其提供有利的信息、推荐、培训机会等资源，降低其信息不对称程度，有益于其得到更多的职业机会。另一方面，工作能力描述了与工作要求有关的执行能力，通常包括知识、技能等因素。领导作为组织代理人，拥有指导下属、评估绩效的权限（Peng et al.，2019），能帮助其制定职业规划。领导的工作经验相对丰富，但其知识分享意愿是有针对性的，他们往往只愿意和自己认同的员工分享成功经验，这些经验对下属工作能力的提高非常有益。陶厚永等（2016），研究也发现通过对领导态度和行为的观察学习，圈内人会表现出与其相似的态度和行为。当领导为下属提供清晰的绩效反馈、表达高期望和鼓励下属时，下属就会产生较高的职业动机。因此，本文认为员工通过顺从行为获得上级支持有助于下属提升工作能力。基于此，本文提出如下假设：

H1：下属的顺从行为会通过上级支持的中介作用而获得（H1a）职业机会和（H1b）工作能力。

2.2　破内卷：顺从行为到职业成功的链式中介模型

从社会流动理论的赞助—竞争视角来看，员工突破内卷以获取职业成功存在两条重要路径。Turner（1960）最早提出了两种向上社会流动模式——赞助性流动和竞争性流动，前者强调向上成为精英是要由已成为精英的人或其代理人来挑选，这种精英地位是不能通过努力或策略来获得的。赞助性流动拒绝了竞争，更倾向于受控的选拔过程，个人无法赢得向上流动的机会。而后者则认为精英地位是公开竞赛的奖励，胜利是申请者依靠努力获得的，竞争者在遵守规则的情况下可以自由采用策略。总体而言，赞助性流动强调效率和早期选择，竞争性流动强调公平和生产力。本文认为，领导作为权力和资源的掌控者，是机会和竞争力的主要来源，在员工突破内卷、向上流动，实现职业成功中发挥着重要作用。

在组织中，领导处于精英地位，有更多的话语权和更权威的地位，通过举荐或提供额外培训、信息资源等可以帮助员工抢先接触到各种机会，能有效帮助员工获取职业成功，实现向上流动，这属于赞助性流动模式。该模式下，组织对候选人进行了相当早的评判和选择，以控制进入更高层次的人选（Turner，1960），"早判断"带来的时间差实质上给员工提供了极大的竞争优势和捷径。从主观职业成功（主观感受）来看，职业机会的获取使员工不必陷于"付出努力也难以获得相应回报"的内卷中，从而获得更高的自我效能，拥有更高的幸福感和工作满意度，进而有益于获得主观职业成功（Nielsen et al.，2017）。而对于客观职业成功（被证实的工作成就），员工由于得到上级支持而更有可能在奖赏分配、职位晋升等方面赢得组织的优先考虑机会，从而实现客观职业成功。

另一方面，由于内卷严重，为了争夺有限资源而对竞争不断加码导致的低效现象在各行各业愈发普遍。竞争并不意味着一定就会内卷，没有增量的竞争才是内卷。为了成为 20% 的精英而变得不可替代，不想躺平的员工就会努力提升自己，通过公平竞争取得向上流动的可能，这遵循了竞争性流动的模式。这种模式反对对候选人进行过早判断，其管理目标是将精英地位给予那些赢得它的人。领导作为员工竞争力的重要来源，通过提供指导、培训、传授经验等支持行为助其提升工作能力，获得更高的竞争力。而员工自身的高工作能力能为其带来高工作满意度，这表明工作能力对主观职业成功存在积极效应。同时也有研究证实工作能力提高能显著提升工作绩效、带来高就业竞争优势（Wagenaar et al.，2015），这表明工作能力也会对客观职业成功产生积极影响。因此本文提出如下假设：

H2：下属顺从行为通过上级支持和职业机会的链式中介作用，有助于（**H2a**）主观职业成功和（**H2b**）客观职业成功。

H3：下属顺从行为通过上级支持和工作能力的链式中介作用，有助于（**H3a**）主观职业成功和（**H3b**）客观职业成功。

3. 研究方法

3.1 研究对象及程序

本文运用滚雪球方法，收集来自广州、深圳等地区 60 多家企事业单位和政府机关的员工—领导嵌套问卷。本文依照 Owens 等（2019）的做法将问卷收集的时间间隔设置为七周。在时点 1 收集的变量包括：控制变量、员工顺从（领导评价）以及上级支持（自评）；时点 2 收集的变量包括：职业机会和主观职业成功（自评）、工作能力和客观职业成功（领导评价）。研究共回收 65 个团队 370 份领导下属配对问卷，删除未填、大面积问项缺漏等无效问卷，最终形成 255 份领导下属配对问卷，问卷有效率为 66.7%。其中，男性占 54.1%（138 人），女性占 45.9%（117 人）；员工年龄 26 岁以下占 23.9%（60 人），26~30 岁占 32.9%（84 人），31~45 岁占 38.8%（99 人），其余占 3.1%（8人），4 人未填写年龄；员工受教育水平普遍为本科学历，占 53.7%（137 人）；工作年限集中在 1~5年，占 43.2%（110 人）；领导与员工共事时间集中在 1~2 年，占 26.3%。

3.2 变量测量

本研究采用的量表均来自国内外发展的成熟量表，具有良好的信度和效度。为保证国外量表的有效性，我们采用双盲"翻译—回译"程序，并邀请三名 MBA 学员对翻译的量表进行试填。所有量表均采用李克特七级量表，从 1（非常不同意）到 7（非常同意）。

员工的顺从行为：采用吴宗佑等（2008）开发的量表，包括"该员工十分听从我的指示""即使不同意我的做法，该员工还是会服从我的决定""该员工会确实遵循我的工作理念与做事方法""该员工愿意无条件服从我的命令""当我要求该员工做分内之外的事时，他会加以推脱"5 个题项。该量表的组成信度为 0.842。

上级支持：采用 Cheng 等（2003）开发的量表，包括"我的领导会在我遇到个人危机时提供帮助""我的领导愿意倾听与我工作有关的问题""我的领导认可我出色的表现""我的领导愿意在我犯错误的时候给我一个补救的机会" 4 个题项。该量表的组成信度为 0.860。

职业机会：采用 Veldhoven 等（1994）开发的量表，包括"您的工作是否给您提供了提升收入的可能性""您的工作是否提升了您在劳动力市场的就业机会""您在目前的工作中是否可以学到新的东西""您的领导是否给您提供了参与培训的机会""您的领导是否给您提供了获得晋升的机会""您的领导是否给您提供了自我发展的机会""您的领导是否给您提供了独立行动的机会""您的领导是否给您提供了实现目标的期望" 8 个题项。该量表的组成信度为 0.907。

工作能力：采用 Warr（1990）开发的量表，包括"该员工能做好其本职工作""我有时觉得该员工不太胜任其本职工作""该员工可以处理其工作中的任何问题""该员工认为他的工作相当困难""在解决工作难题方面，该员工比大多数人要优秀""该员工在工作中经常遇到困难" 6 个题项。该量表的组成信度为 0.869。

职业成功：主观职业成功借鉴 Greenhuans 等（1990）开发的量表，包括"我对自己在职业上获得的成功感到满意""我对职业总体目标进展感到满意""我对我在职场上的收入感到满意""我对我在职场上的晋升感到满意""我对在职场上学到的技能感到满意" 5 个题项。该量表在本研究中的组成信度为 0.842。客观职业成功采用翁清雄等（2011）开发的量表，包括"在目前的工作单位中，该员工的职务提升速度比较快""与其他员工相比，该员工的职务提升的可能性很大""与其他员工相比，该员工的职务提升速度比较快""与其他员工相比，该员工的薪资提升比较快""与其他员工相比，该员工目前的薪资继续得到提升的可能性很大""与其他员工相比，该员工的薪资增长速度比较快" 6 个题项。该量表的组成信度为 0.926。

控制变量：参考已有研究，选取年龄、性别、学历、工作年限等作为控制变量。此外，领导与下属的共事时间在双方关系中起着重要作用，对下属相关工作结果可能产生显著影响，因此，也对其进行了控制。

4. 研究结果

4.1 验证性因子分析

本研究采用 SPSS24 和 Mplus8 对数据进行分析，首先对数据进行验证性因子分析，由表 1 可知，六因子模型与数据拟合效果最为理想（χ^2（501）= 1086.01，RMSEA = 0.068，CFI = 0.909，TLI = 0.901），显著优于其他测量模型，表明变量的区分效度较好。

表 1   验证性因子分析表

Model	χ^2	df	CFI	TLI	RMSEA	SRMR
单因子模型：Com+Sup+JC+CO+Sub+Ob	3592.44	527	0.521	0.490	0.151	0.130
二因子模型：Com；Sup+JC+CO+Sub+Ob	3191.59	526	0.584	0.556	0.141	0.123

Model	χ^2	df	CFI	TLI	RMSEA	SRMR
三因子模型：Com；Sup+JC+CO；Sub+Ob	2707.97	524	0.659	0.635	0.128	0.113
四因子模型：Com；Sup；JC+CO；Sub+Ob	2520.37	521	0.688	0.664	0.123	0.114
五因子模型：Com；Sup；JC；CO；Sub+Ob	1765.96	517	0.805	0.788	0.097	0.073
六因子模型：Com；Sup；JC；CO；Sub；Ob	1086.01	501	0.909	0.901	0.068	0.059
六因子+CMV：Com；Sup；JC；CO；Sub；Ob；CMV	910.26	467	0.931	0.917	0.061	0.051

注：Com=顺从行为，Sup=上级支持，JC=工作能力，CO=职业机会，Sub=主观职业成功，Ob=客观职业成功，CMV=共同方法因子。

4.2 共同方法偏差检验

采用估计同源方差的方法，在验证性因子分析中引入共同方法因子（CMV）。分析结果见表1，六因子+CMV 模型（χ^2（467）= 910.26，RMSEA = 0.061，CFI = 0.931，TLI = 0.917），与六因子模型拟合程度相比，拟合指标 RMSEA、CFI 和 TLI 的变化幅度都不明显，可知共同方法偏差在允许范围内（温忠麟等，2018）。

4.3 描述性统计分析

从表2可知，顺从行为与上级支持呈现显著正向相关（$r=0.39$，$p<0.01$），上级支持与职业机会显著正相关（$r=0.61$，$p<0.01$），上级支持与工作能力显著正相关（$r=0.41$，$p<0.01$），职业机会与主观职业成功显著正相关（$r=0.60$，$p<0.01$），与客观职业成功显著正相关（$r=0.37$，$p<0.01$），工作能力与主观职业成功显著正相关（$r=0.27$，$p<0.01$）、与客观职业成功显著正相关（$r=0.57$，$p<0.01$）。另外，员工顺从行为和主观职业成功以及客观职业成功均显著正相关，表明员工的顺从行为和主、客观职业成功间确实存在密切关联。

表2　　　　　　　　　　变量的均值、标准差和相关系数

	均值	标准差	1	2	3	4	5	6
1 顺从行为	4.24	0.95	—					
2 上级支持	5.39	0.94	0.39**	—				
3 职业机会	3.94	0.98	0.34**	0.61**	—			
4 工作能力	5.05	1.03	0.49**	0.41**	0.25**	—		
5 主观职业成功	4.14	1.07	0.23**	0.43**	0.60**	0.27**	—	
6 客观职业成功	3.87	1.18	0.41**	0.31**	0.37**	0.57**	0.36**	—

注：$N=255$；** 代表 $p<0.01$，* 代表 $p<0.05$。

4.4 假设检验

运用 Bootstrapping 法检验上级支持的中介效应，由表 3 可知，上级支持在顺从行为和职业机会之间的中介效应 95% 置信区间为［0.152，0.303］，以及调整偏差后的 95% 置信区间为［0.156，0.308］，均不包括 0；由表 4 可知，上级支持在顺从行为和工作能力之间的中介效应 95% 置信区间为［0.041，0.188］，以及调整偏差后的 95% 置信区间［0.040，0.186］，均不包括 0，假设 H1a、H1b 得到支持。

表 3　　　　　　顺从行为、上级支持与职业机会的 **Bootstrapping** 分析

	Point Estimate	Product of Coefficients			Bootstrapping			
					Percentile 95% CI		Bias-corrected 95% CI	
		SE	T	p	Lower 2.5%	Upper 2.5%	Lower 2.5%	Upper 2.5%
直接效果（顺从行为→职业机会）								
C'	0.120	0.059	2.023	0.043	0.001	0.234	0.003	0.236
中介效果（顺从行为→上级支持→职业机会）								
AB	0.224	0.038	5.904	0.000	0.152	0.303	0.156	0.308
总效果（直接效果+中介效果）								
TOTAL	0.344	0.062	5.571	0.000	0.222	0.463	0.228	0.466

表 4　　　　　　顺从行为、上级支持与工作能力的 **Bootstrapping** 分析

	Point Estimate	Product of Coefficients			Bootstrapping			
					Percentile 95% CI		Bias-corrected 95% CI	
		SE	T	p	Lower 2.5%	Upper 2.5%	Lower 2.5%	Upper 2.5%
直接效果（顺从行为→工作能力）								
C'	0.422	0.072	5.872	0.000	0.273	0.553	0.272	0.553
中介效果（顺从行为→上级支持→工作能力）								
AB	0.108	0.038	2.809	0.005	0.041	0.188	0.040	0.186
总效果（直接效果+中介效果）								
TOTAL	0.530	0.064	8.288	0.000	0.401	0.650	0.397	0.684

注：Bootstrap = 5000

运用 Bootstrapping 法进行链式中介效应检验，以主观职业成功与客观职业成功分别为结果变量，分析如表 5、表 6 所示，上级支持和职业机会在顺从行为和主观职业成功之间的链式中介效应的调整后 95% 置信区间为［0.090，0.195］，上级支持和职业机会在顺从行为和客观职业成功之间的链式中介效应的调整后 95% 置信区间为［0.100，0.212］，H2a、H2b 均得到验证。上级支持和工作能力在

顺从行为和主观职业成功之间的链式中介效应的调整后95%置信区间为［-0.004，0.038］，上级支持和工作能力在顺从行为和客观职业成功之间的链式中介效应的调整后95%置信区间为［-0.006，0.024］，H3a、H3b均未得到支持。

表5　　　　　　　　　　**链式中介效果Bootstrapping分析（主观职业成功）**

路径分析	Point Estimate	Product of Coefficients			Bias-corrected Bootstrap Percentile 95% CI	
		SE	*T*	*p*	Lower 2.5%	Upper 2.5%
直接效果						
cdash（Comp→Subj）	-0.042	0.062	-0.677	0.499	-0.163	0.116
间接效果						
A1B1（Comp→Supe→Subj）	0.030	0.027	1.091	0.275	-0.024	0.084
A2B2（Comp→Caop→Subj）	0.070	0.037	1.911	0.056	0.004	0.148
A3B3（Comp→Jobc→Subj）	0.054	0.028	1.947	0.427	-0.021	0.111
A1D1B2（Comp→Supe→Caop→Subj）	0.131	0.027	4.947	0.000	0.090	0.195
A1D2B3（Comp→Supe→Jobc→Subj）	0.014	0.009	1.527	0.127	-0.004	0.038
链式中介效果比较						
Diff（A1D1B2- A1D2B3）	0.117	0.027	4.422	0.000	0.076	0.182
间接效果之和						
TOTAL（A1B1+ A2B2+ A3B3+A1D1B2+A1D2B3）	0.299	0.052	5.737	0.000	0.201	0.405

注：基于样本的非标准化5000 Bootstrapping；Comp代表顺从行为，Supe代表上级支持，Jobc代表工作能力，Caop代表职业机会，Subj代表主观职业成功。

表6　　　　　　　　　　**链式中介效果Bootstrapping分析（客观职业成功）**

路径分析	Point Estimate	Product of Coefficients			Bias-corrected Bootstrap Percentile 95% CI	
		SE	*T*	*p*	Lower 2.5%	Upper 2.5%
直接效果						
cdash（Comp→Obs）	0.025	0.069	0.369	0.712	-0.108	0.163
间接效果						
A1B1（Comp→Supe→Obs）	0.095	0.035	2.727	0.006	0.033	0.170
A2B2（Comp→Caop→Obs）	0.078	0.039	1.975	0.048	0.002	0.155
A3B3（Comp→Jobc→Obs）	0.021	0.026	0.794	0.427	-0.024	0.083
A1D1B2（Comp→Supe→Caop→Obs）	0.145	0.028	5.156	0.000	0.100	0.212
A1D2B3（Comp→Supe→Jobc→Obs）	0.005	0.007	0.721	0.471	-0.006	0.024

续表

路径分析	Point Estimate	Product of Coefficients			Bias-corrected Bootstrap Percentile 95% CI	
		SE	T	p	Lower 2.5%	Upper 2.5%
链式中介效果比较						
Diff（A1D1B2- A1D2B3）	0.139	0.028	4.925	0.000	0.094	0.206
间接效果之和						
TOTAL（A1B1+ A2B2+A3B3+A1D1B2+A1D2B3）	0.343	0.057	6.063	0.000	0.238	0.458

注：基于样本的非标准化 5000 Bootstrapping；Comp 代表顺从行为，Supe 代表上级支持，Jobc 代表工作能力，Caop 代表职业机会，Obs 代表客观职业成功。

4.5 补充分析

拥有更高工作能力的员工可以更好地整合利用资源发现机会，比如在创新创业领域，有研究指出整合能力有助于对信息进行有效加工，提炼出优质信息和资源，促使资源的充分利用，进而有利于机会的识别（张浩和孙新波，2017）。Blumberg 等（1982）认为工作中只有机会或者只有能力是不够的，机会、能力及其互动对工作产出有重要影响，更高的工作能力能够帮助员工克服职业成功过程中的重重困难。因此，我们将工作能力作为职业机会和职业成功之间的调节变量加以补充检验，以佐证本文研究模型的合理性。

为了检验工作能力在上级支持和下属主观职业成功之间的调节作用，我们采用交互项构建，并且在计算交互项前对各变量进行了标准化处理以降低多重共线性对结果的影响（本部分是在 process 插件中进行验证）。分析结果如表 7 所示，上级支持与工作能力的交互项对职业机会的作用不显著（95%置信区间为 [-0.06，0.11]，包含 0），职业机会与工作能力的交互项对主观职业成功的作用也不显著（95%置信区间为 [-0.07，0.12]，包含 0），因此工作能力在上级支持和职业机会之间以及在职业机会与主观职业成功之间的调节效应都不显著。然后，我们也采取同样的方法检验了工作能力在上级支持和下属客观职业成功之间的调节作用，分析结果如表 8 所示，上级支持与工作能力的交互项对职业机会的影响不显著（95%置信区间为 [-0.06，0.11]，包含 0），职业机会与工作能力的交互项对客观职业成功的影响也不显著（95%置信区间为 [-0.04，0.15]，包含 0）。因此，上级支持通过职业机会的中介作用而对员工主、客观职业成功产生影响，但是工作能力没能对中介作用起到显著的调节，本文模型是较为合理的。

表 7　　　　　　　　　　调节效应检验（主观职业成功）

变量	职业机会						主观职业成功					
	Coeff	SE	T	p	Percentile 95% CI		Coeff	SE	T	p	Percentile 95% CI	
					LLCI	ULCI					LLCI	ULCI
Cons	-2.82	0.26	-10.93	0.00	-3.33	-2.31	-0.32	0.34	-0.94	0.35	-0.10	0.35

续表

变量	职业机会						主观职业成功					
	Coeff	SE	T	p	Percentile 95% CI		Coeff	SE	T	p	Percentile 95% CI	
					LLCI	ULCI					LLCI	ULCI
Supe	0.63	0.06	11.11	0.00	0.52	0.74	0.71	0.08	0.93	0.35	−0.08	0.22
Jobc	−0.08	0.19	−0.44	0.66	−0.46	0.29	0.12	0.06	2.02	0.04	0.003	0.23
Supe×Jobc	0.20	0.04	0.47	0.64	−0.06	0.11						
Caop							0.58	0.07	8.37	0.00	0.44	0.71
Caop×Jobc							0.02	0.05	0.51	0.61	−0.07	0.12

工作能力的调节效应	Boot indirect effect	Boot SE	Boot LLCI	Boot ULCI
−1SD	0.34	0.07	0.22	0.49
M	0.37	0.06	0.27	0.49
+1SD	0.39	0.08	0.26	0.56

注：基于样本的非标准化 5000 Bootstrapping；Cons 代表常量，Supe 代表上级支持，Jobc 代表工作能力，Caop 代表职业机会。

表8 调节效应检验（客观职业成功）

变量	职业机会						主观职业成功					
	Coeff	SE	T	p	Percentile 95% CI		Coeff	SE	T	p	Percentile 95% CI	
					LLCI	ULCI					LLCI	ULCI
Cons	−2.82	0.26	−10.93	0.00	−3.32	−2.31	1.58	0.34	4.58	0.00	0.90	0.79
Supe	0.63	0.06	11.12	0.00	0.52	0.74	0.25	0.08	3.22	0.00	0.10	0.39
Jobc	−0.08	0.19	−0.44	0.66	−0.46	0.29	0.07	0.06	1.24	0.22	−0.04	0.19
Supe×Jobc	0.02	0.04	0.47	0.64	−0.06	0.11						
Caop							0.65	0.07	9.34	0.00	0.10	0.40
Caop×Jobc							0.06	0.05	1.16	0.25	−0.04	0.15

工作能力的调节效应	Boot indirect effect	Boot SE	Boot LLCI	Boot ULCI
−1SD	0.36	0.07	0.24	0.53
M	0.41	0.06	0.30	0.53
+1SD	0.46	0.08	0.31	0.62

注：基于样本的非标准化 5000 Bootstrapping；Cons 代表常量，Supe 代表上级支持，Jobc 代表工作能力，Caop 代表职业机会。

5. 讨论

5.1 研究发现

本文在社会流动理论的赞助—竞争性流动的基础上，构建了在内卷背景下实现职业成功的"机会—能力"二元路径，剖析了顺从行为到上级支持，再到获得职业机会以及提升工作能力，进而获得职业成功的内在机理，并运用 255 份领导下属配对问卷进行实证检验，得出结论如下：

第一，已有研究表明，员工仅依靠自身力量很难跳出内卷怪圈，此时有限资源的把控者——上级支持尤为重要。顺从行为往往能从领导那里得到更多的支持，进而获得更多的赞助（职业机会），抑或在领导的帮助下提升自己的工作能力，机会与能力的二元路径是员工在内卷背景下实现职业成功重要的选择。第二，本研究发现实施更多顺从行为的员工，更有可能通过上级支持及其给予的职业机会，跳出无实质意义的恶性竞争，从而有助于其实现主观职业成功和客观职业成功。第三，在同时考虑职业机会和工作能力情况下，上级支持到工作能力这一条链式中介反而不显著，与我们的假设不一致，可能的原因是，虽然工作能力的提升可以为员工提供有利的竞争优势，但现实情况是同事也可能通过其他途径提升能力，导致竞争门槛不断加高，员工职业成功的基准也被拔高，内卷程度反而加深；另一方面，员工发现自己付出再多的努力也得不到相应的回报，可能就会选择成为躺平一族，进而对员工的职业满意度和幸福感产生消极影响，因此员工的主、客观职业成功都未能实现。

5.2 理论贡献

第一，内卷背后是员工对突破"内卷"的期待，然而目前学术界关于职业发展内卷的研究十分稀缺。本文基于赞助性和竞争性流动的理论视角发现机会路径是优于能力路径的，从而深刻揭示了在内卷背景下获得职业成功的路径机理，拓展和丰富了职业发展"去内卷"的研究视角，并且丰富了社会流动理论及其情境应用。

第二，本文结合赞助—竞争性流动理论和差序格局视角发现，在具有高权力距离和华人的遵从权威传统性特征的中国情境下，下属的顺从行为会为其带来更多的上级支持进而有利于其获取职业成功，丰富了组织行为领域关于顺从行为的研究，同时也回应了研究职业成功的多种类型前因变量并找寻其中关键因素的呼吁。

第三，目前少有研究讨论外界对员工支持以及员工自身能力是通过何种途径获取，本文从"修炼内功"（工作能力的提升）、"巧借外力"（领导给予的职业机会）两条线全面展现了员工顺从通过上级支持进而获得职业机会和工作能力，丰富了相关文献。

5.3 实践意义

首先，80/90 后的新生代员工逐渐成为企业的中坚力量，他们往往具有个性鲜明的价值观，可能会把挑战领导权威视为"很酷"的事情，而忽视顺从行为对职业成功潜在的益处。本研究则为新生代员工带来启示，顺从行为可以获得上级的支持，为自己带来更多资源和机会，有利于突破"内卷"，在职业生涯发展上取得成功，本文聚焦的顺从行为主要指因认同领导价值观等因素而在工作中表现出较为正向的服从和奉献行为，因此，对于领导的合理指示，员工应该采取恰当的顺从行为，充分利用领导的支持来帮助自身更好地工作，不能为了获取领导背后的资源而一味地盲目顺从。

其次，本研究发现相对于工作能力的提升，职业机会是一种更为稀缺和关键的资源，在员工突破职业内卷过程中起到至关重要的作用。因此员工应该珍视领导给予的职业机会，通过掌握他人没有的先机获取竞争优势，提前打破内卷束缚，走向职业成功。

最后，虽然研究发现工作能力路径并不显著，但这并不代表工作能力在职场中就不重要，竞争始终存在，员工应该摆正心态而不是选择躺平，比如可以发展更多新技能，跳出固有思维，选择更加广阔的职业发展路径。同时，组织也应注意内卷带来竞争门槛拔高这一现象会给企业带来更多大材小用的员工，如何合理配置也是组织需要考虑的问题。

5.4 研究局限及未来展望

本研究存在以下几点不足：

第一，虽然研究采用多时点、多源数据，但只划分两个时段，且时间间隔比较短，削弱了顺从行为与职业成功之间因果关系的解释力。因此，采用实验研究设计讨论因果方向性的问题也是较好选择之一（Wang et al., 2018）。

第二，顺从行为可能使员工承担更多的工作任务，产生角色超载，对员工的身心健康和幸福感产生不利影响。未来研究可考虑将顺从行为的积极和消极影响进行整合研究，探究其产生积极或消极影响的内在机理及其边界条件。

第三，顺从行为或许是基于避免惩罚的动机。未来研究应进一步探讨员工的真心顺从与表面顺从，进一步丰富顺从行为这一构念的内涵。

第四，本文只是探讨了员工在内卷背景下如何获取职业成功的途径，未来学者可以更多关注内卷的定义和测量，将其发展成为一个完整的构念，也可以考虑探讨内卷的背景对职场中其他现象或者行为的影响，丰富内卷的理论研究。

◎ **参考文献**

[1] 韩翼，杨百寅. 师徒关系开启徒弟职业成功之门：政治技能视角 [J]. 管理世界，2012（6）.

[2] 刘超，柯旭东，刘军，王雅晨. 员工逢迎的场景选择：一项本土研究 [J]. 南开管理评论，2015，18（5）.

[3] 陶厚永，李薇，陈建安，李玲. 领导—追随行为互动研究：对偶心理定位的视角 [J]. 中国工业经济，2014（12）.

[4] 陶厚永，章娟，李玲. 差序式领导对员工利社会行为的影响 [J]. 中国工业经济，2016（3）.

[5] 谭劲松，宋娟，陈晓红. 产业创新生态系统的形成与演进："架构者"变迁及其战略行为演变 [J]. 管理世界，2021，37（9）.

[6] 王轶，刘蕾，魏巍. 数字经济时代我国面临的就业风险及治理机制研究 [J]. 济南大学学报（社会科学版），2023，33（4）.

[7] 温忠麟，黄彬彬，汤丹丹. 问卷数据建模前传 [J]. 心理科学，2018，41（1）.

［8］翁清雄，席酉民. 企业员工职业成长研究：量表编制和效度检验［J］. 管理评论，2011，23（10）.

［9］吴宗祐，周丽芳，郑伯埙. 领导的权威取向及其对部属顺从与畏惧的知觉对威权领导的预测效果［J］. 本土心理学研究（中国台湾），2008（30）.

［10］赵晨，林晨，周锦来，高中华. 变革人力资源管理与领导行为对组织创新的组态效应［J］. 科学管理研究，2023，41（1）.

［11］郑伯埙. 差序格局与华人组织行为［J］. 本土心理学研究（中国台湾），1995（3）.

［12］张浩，孙新波. 网络嵌入视角下创业者外部社会资本对创业机会识别的影响研究［J］. 科学学与科学技术管理，2017，38（12）.

［13］张珩，罗剑朝，牛荣. 产权改革与农信社效率变化及其收敛性：2008—2014 年——来自陕西省 107 个县（区）的经验证据［J］. 管理世界，2017（5）.

［14］周文霞，谢宝国，辛迅，白光林，苗仁涛. 人力资本、社会资本和心理资本影响中国员工职业成功的元分析［J］. 心理学报，2015，47（2）.

［15］Al-hussami, M., Hammad, S., Alsoleihat, F. The influence of leadership behavior, organizational commitment, organizational support, subjective career success on organizational readiness for change in healthcare organizations［J］. Leadership in Health Services（Bradford England），2018，31（4）.

［16］Bagdadli, S., GianecchiniI, M. Organizational career management practices and objective career success: A systematic review and framework［J］. Human Resource Management Review，2019，29（3）.

［17］Blumberg, M., Pringle, C. D. The missing opportunity in organizational research: Some implications for a theory of work performance［J］. Academy of Management Review，1982，7（4）.

［18］Cheng, B. S., Jiang, D. Y., Riley, J. H. Organizational commitment, supervisory commitment, and employee outcomes in the Chinese context: Proximal hypothesis or global hypothesis［J］. Journal of Organizational Behavior，2003，24（3）.

［19］Cheng, B., Chou, L., Wu, T., Huang, M., Farh, J. Paternalistic leadership and subordinate responses: Establishing a leadership model in Chinese organizations［J］. Asian Journal of Social Psychology，2004，7（1）.

［20］Cheung, Y. H., Herndon, N. C., Dougherty, T., W. Core self-evaluations and salary attainment: The moderating role of the developmental network［J］. The International Journal of Human Resource Management，2016，21（1）.

［21］Dulebohn, J. H., Bommer, W. H., Liden, R. C., Brouer, R. L., Ferris, G. R. Ameta-analysis of antecedents and consequences of leader-member exchange: Integrating the past with an eye toward the future［J］. Journal of Management，2012，38（6）.

［22］Erdogan, B., Bauer, T., Truxillo, D., Mansfield, L. Whistle while you work: A review of the life satisfaction literature［J］. Journal of Management，2012，38（4）.

［23］Etzoni, A. Comparative analysis of complex organizations［M］. New York: Free，1961.

[24] Greenhaus, J. H., Parasuraman, S., Wormley, W. M. Effects of race on organizational experiences, job performance evaluations, and career outcomes [J]. Academy of Management Journal, 1990, 33 (1).

[25] Ilmarinen, J., Lehtinen, S. Past, present, and future of work ability [C]. Proceedings of the 1st International Symposium on Work Ability, 5-6 September 2001, Tampere, Finland, Helsinki: Finnish Institute of Occupational Health, 2004.

[26] Kazlauskaite, R., Buciuniene, I., Turauskas, L. Organizational and psychological empowerment in the HRM-performance linkage [J]. Employee Relations, 2012, 34 (2).

[27] Loi, R., Chan, K. W., Lam, L. W. Leader-member exchange, organizational identification, and job satisfaction: A social identity perspective [J]. Journal of Occupational and Organizational Psychology, 2014, 87 (1).

[28] Marinova, S. V., Moon, H. Vandyne L. Are all good soldier behaviors the same? Supporting multidimensionality of organizational citizenship behaviors based on rewards and roles [J]. Human Relations, 2010, 63 (10).

[29] Ng, T., Eby, L., Sorensen, K., & Feldman, D. Predictors of objective and subjective career success: A meta-analysis [J]. Personnel Psychology, 2005, 58 (2).

[30] Nielsen, K., Nielsen, M., Ogbonnaya, C., Känsälä, M., Saari, E., Isaksson, K. Workplace resources to improve both employee well-being and performance: A systematic review and meta-analysis [J]. Work & Stress, 2017, 31 (2).

[31] Owens, B., Yam, K., Bednar, J., Mao, J., & Hart, D. The impact of leader moral humility on follower moral self-efficacy and behavior [J]. Journal of Applied Psychology, 2019, 104 (1).

[32] Peng, Z., Gao, B., Zhao, H. Coaching leadership and subordinates' career success: The mediating role of leader-member exchange [J]. Social Behavior & Personality, 2019, 47 (11).

[33] Podsakoff, P. M., MacKenzie, S. B., Paine, J. B., Bachrach, D. G. Organizational citizenship behaviors: A critical review of the theoretical and empirical literature and suggestions for future research [J]. Journal of Management, 2000, 26 (3).

[34] Seibert, S. E., Crant, J. M., Kraimer, M. L. Proactive personality and career success [J]. Journal of Applied Psychology, 1999, 84 (3).

[35] Spurk, D., Keller, A. C., Hirschi, A. Competition in career tournaments: Investigating the joint impact of trait competitiveness and competitive psychological climate on objective and subjective career success [J]. Journal of Occupational and Organizational Psychology, 2019, 92 (1).

[36] Turner, R. J. Sponsored and contest mobility and the school system [J]. American Sociological Review, 1960, 25 (6).

[37] Turban, D., Moake, T., Wu, S., Cheung, Y. Linking extroversion and proactive personality to career success [J]. Journal of Career Development, 2017, 44 (1).

[38] Van Veldhoven, M., Meijman, T. F. The measurement of psychosocial job demands with a

questionnaire（VBBA）［M］. Amsterdam：NIA，1994.

［39］ Wagenaar, A., Kompier, M., Houtman, I., Bossche, S., Taris, T. Who gets fired, who gets re-hired：The role of workers' contract, age, health, work ability, performance, work satisfaction and employee investments ［J］. International Archives of Occupational and Environmental Health, 2015, 88（3）.

［40］ Wang, L., Restubog, S., Shao, B., Lu, V., Van Kleef, G. Does anger expression help or harm leader effectiveness? The role of competence-based versus integrity-based violations and abusive supervision ［J］. Academy of Management Journal, 2018, 61（3）.

［42］ Warr, P. The measurement of well-being and other aspects of mental health ［J］. Journal of Occupational Psychology, 1990, 63（3）.

［42］ Wu, T., Shen, Q., Liu, H., Zheng, C. Work stress, perceived career opportunity, and organizational loyalty in organizational change：A moderated mediation model ［J］. Social Behavior & Personality, 2019, 47（4）.

How to Achieve Career Success in the Context of "Involution"：
A Comparative Study of the Dual Path of Opportunity and Ability

Tao Houyong[1]   Zhang Meng[1]   Chen Beibei[2]   Cao Wei[3]

（1　School of Economics and Management, Wuhan University, Wuhan, 430072;

2　Beijing Zhongye Taixin Engineering Technology Development Co., Beijing, 100006;

3　Business School, Nanjing University, Nanjing, 210093）

Abstract：Drawing on the sponsorship-contest mobility perspective of social mobility theory, this research analyzes and examines the theoretical mechanism of employees breaking through involution through compliance to achieve career success. Through the analysis of 255 leader-subordinate matching questionnaires of 65 teams, the results show that：（1）when employees show more compliance, they are more likely to gain more career opportunities and improve their own work ability by means of supervisor support；（2）employees who implement more compliance are more likely to achieve subjective and objective career success through the support of their supervisor and the career opportunities that others do not have；（3）the promotion of the work ability of the employees who comply the leader through the support of their supervisor has no significant impact on achieving subjective and objective career success.

Key words：Compliance；Career opportunities；Work ability；Career success

专业主编：杜旌

珞珈管理评论
2024 年卷第 2 辑（总第 53 辑）

Luojia Management Review
No. 2, 2024（Sum. 53）

玩手机还是早休息？居家手机非工作使用和睡眠对员工次日工作的影响研究*

● 骆元静

（华中农业大学经济管理学院　武汉　430070）

【摘　要】智能手机已经是人们工作和生活的必备工具。学者们探索了手机使用对员工的积极和消极作用，如智能手机使用可以进行短暂休息恢复精力，但手机使用也模糊了工作—家庭边界，增加员工工作压力。延展以往研究，本文在居家场景下分析员工手机使用补充心理资源却消耗时间资源的矛盾，基于资源保存理论探究这种矛盾对员工工作状态的影响。研究对 75 名员工连续 10 个工作日进行调查获取 750 个有效数据，采用多层线性模型分析发现：居家场景下员工非工作手机使用和睡眠分别对员工的心理资源和生理资源都有恢复作用，进而对次日工作场所主动行为产生显著积极作用；当睡眠良好时，员工非工作使用手机对员工资源恢复和次日主动行为的积极作用降低，而当员工睡眠较差时，非工作使用手机的积极作用加强。研究对比了资源保存理论中不同类型资源的恢复机制，丰富了资源保存理论的应用场景。

【关键词】居家场景非工作手机使用　睡眠　生理资源　心理资源　资源恢复

中图分类号：F270　　　文献标识码：A

1. 引言

智能手机已经成为人们生活工作不可缺少的工具。智能手机为人们提供即时通信、导航、购物、支付等便利生活和工作的功能，还有游戏、短视频等娱乐功能，以及基于视频、音频、文字形式的学习功能。智能手机所提供的丰富内容也让人们对手机有一定上瘾，工作一天的人们在夜晚入睡前常常会纠结于"再玩一会手机还是早睡早起"。

---

* 基金项目：国家自然科学基金青年项目"员工家庭—工作关系研究：随迁祖辈社会融入视角"（72202081）；中央高校基本科研业务费专项基金项目"智能设备非工作使用对员工的双刃剑作用"（2662021JGQD009）。

通讯作者：骆元静，E-mail：yjluo206@ mail. hzau. edu. cn。

从资源保存理论视角，这种"玩手机还是早休息"实质是资源消耗和资源补充同时发生的矛盾过程。资源保存理论将资源定义为对个体生存和发展有价值的东西，分为物质资源、条件资源、个体特征资源和能量资源。其中能量资源就包括个体的认知和情感资源，以及时间资源和体力资源（ten Brummelhuis and Bakker，2012）。资源保存理论认为个体资源是有限的，当个体资源损耗时会尽可能降低资源的消耗、寻求新的资源获取渠道来对自我持有的资源进行补充（Hobfoll，1989）。员工手机非工作使用会存在资源补充—消耗的矛盾：（1）员工可以通过智能手机来娱乐、信息查询、社交，从而获取新知识、社会支持和生活的掌控感（Sonnentag，et al.，2008），补充认知和情感等心理资源；（2）员工居家场景下玩手机也会消耗个体的时间资源（Du et al.，2022），有可能影响员工的睡眠。睡眠是个体恢复生理资源的最好方式，个体通过睡眠获取的生理资源可以支持个体次日生活和工作所必需的生理功能正常运行（Siegel，2005；Sonnentag et al.，2008）。因此，每晚居家休息时"玩手机还是早休息"的实质是资源消耗与补充的矛盾，即个体消耗时间资源来补充心理资源与早休息补充生理资源之间的矛盾。

关于智能手机使用，学者们已经开展了大量研究，回顾这些研究可以发现主要有三个方面。第一，学者们在认可智能手机积极作用的前提下，关注智能手机上瘾给个体带来的消极影响，研究发现智能手机上瘾会影响个体的睡眠质量、主观幸福感等（Horwwd and Anglim，2019；Lavoie and Zheng，2023）。第二，在工作场所情境下，学者们关注智能手机使用对员工的影响，例如研究发现智能手机作为工作的移动端，会使工作更加便利和高效，智能手机的适度非工作使用还有"小憩"的作用，提升员工工作投入（骆元静，2023），但智能手机也会模糊家庭—工作边界，增加员工心理压力（Benlian，2020）。第三，学者们关注智能手机使用对他人的影响，尤其是在人际互动场景下智能手机使用引起他人的不适（Crowley et al.，2018）。从上述研究回顾可以看出，以往研究在不同情境下探索了智能手机工作使用、非工作使用对个体的作用，揭示智能手机的积极和消极影响，但较少探究智能手机的矛盾作用机制。我们还不清楚上述"玩手机还是早休息"引起的个体资源补充—消耗的矛盾，是否会影响个体资源恢复进而影响次日工作行为？基于资源保存理论，本文探索个体每日居家情景下手机非工作使用和睡眠分别对员工资源恢复的影响，并分析手机使用和睡眠交互的影响，从而尝试回答手机非工作使用和睡眠对个体资源恢复矛盾是否会对个体次日工作行为产生影响。

不同于睡眠对生理资源恢复的作用，智能手机非工作使用可以从多方面补充个体的认知和情绪等心理资源，例如学习新知识、获取社会支持、获得生活掌控感等，不仅可能提升个人认知能力和认知资源，也能在此过程中体验到积极情绪而获得情绪资源，但随时间推移这些心理资源对个体的积极作用呈现下降趋势（ten Brummelhuis and Bakker，2012）。尽管现有研究多将手机使用的益处聚焦于心理资源补充，而将睡眠的益处纳入生理资源恢复，但这两种路径本身对生理和心理资源的作用并不一定能够完全分开。例如，睡眠不仅可以补充个体生理资源，还可以通过生物机制来促进个体心理资源的恢复（Barnes，2012）。相对于手机使用，睡眠距离次日工作更为近端，因而智能手机使用和睡眠不仅对个体有直接作用，二者对员工还存在交互作用（林梦迪等，2018；盛小添等，2018；Barnes，2012）。基于此，本研究假设前一日居家"玩手机"和睡眠对于员工家庭场景中的生理和心理资源补充都有显著作用，且"玩手机"和睡眠这两种路径的交互同样会作用于员工的资源恢复过程：相对于高水平睡眠情况，低水平睡眠下，"玩手机"对员工的资源恢复和次日工作行为有更显著的积极作用。

员工自发进行、主动承担改进和完善工作的行为被称为员工主动行为 (taking charge) (Morrison and Phelps, 1999)。学者们发现主动行为具有自主性、创新性、变革性、微观性的特征并从组织支持、领导风格、个体特征如员工主动人格等对主动变革行为展开研究 (张光磊等, 2021)。主动行为的上述特性决定其需要员工更多的资源投入, 员工每日居家场景中资源恢复情况会影响员工次日主动行为 (Morrison and Phelps, 1999; Hobfoll et al., 2018; Ouyang et al., 2019)。鉴于员工主动行为的重要性, 本研究探索员工每日家庭中"玩手机"和睡眠之间矛盾对次日员工主动行为的影响。综上所述, 我们考察员工居家场景中的非工作手机使用和睡眠对员工次日生理和心理资源恢复状况和主动行为的影响, 具体研究框架如图 1 所示。研究采用经验抽样法, 通过连续追踪 75 名员工 10 个工作日内共计 750 个数据, 测量居家场景中的非工作手机使用、睡眠、次日资源恢复、工作场所的主动行为, 并考察非工作手机使用和睡眠的交互作用对员工后续工作的跨情景影响。

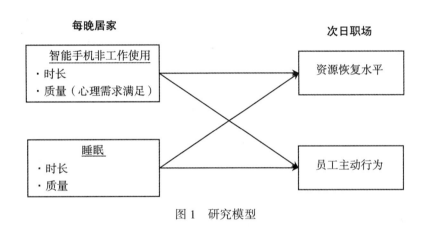

图 1　研究模型

2. 理论回顾与假设

2.1　智能手机非工作使用与个体资源恢复和工作行为

智能手机由于其高度易用性、可获得性, 即随手可得、容易掌握使用方法, 是大家最常使用的娱乐、学习、沟通的工具。每日工作结束回家后, 特别是在入睡前, 员工有可能会选择"玩手机"进行休息。每个个体都有自主、胜任和关系等心理需求: 自主需求是指个体体验到可以根据自己的意志和选择从事活动的自由感; 胜任需求是指个人感觉自己能胜任或掌控工作; 关系需求是人都具有通过社会活动与人交流, 发展有意义的社会关系, 获得社会支持和社会认同的需求 (Ryan and Deci, 2017)。

员工个人通过使用手机进行社交、娱乐和学习活动等, 能够满足其对社会关系、个人自主以及胜任的基本心理需求, 从而获得身心资源恢复 (Oerlemans et al., 2014)。工作结束后, 员工通过智能手机可以更为便捷、更为自主地与他人进行沟通，建立社会联系，获得社会归属（Ryan and Deci，2000）。自主需求是一种人们希望对自己的行为具有选择权，自我选择并自我负责的心理需求，员工使用智能设备进行休闲娱乐活动正是对其自主需求的满足。员工可以自主选择通过何种娱乐方式获得放松休闲，而且员工自我选择、自我支配的过程本身使得员工能够脱离外部事务的影响，获得自己掌控自己时间和资源的支配权（Conlin et al.，2021），从而实现了自主需求的满足，并在此过程中获得了资源的恢复。在知识更新不断加快的当代社会，员工也有需求通过智能设备学习新的技能、浏览和获取最新资讯，力求与时代同步，这是对个人胜任需求的满足，也是为后续工作补充认知资源和身心能量的有效途径。

总的来说，员工在家庭场景中通过智能手机进行社交、娱乐和学习，其主观感知到个体的关系需求、自主需求和胜任需求得到满足，获得个人的心理资源恢复。这种心理资源获得恢复后能够溢出到次日的工作场景之中（Hobfoll，1989），以更高的资源水平更好地在工作中发挥其主动性，做出更多的主动行为。

H1：每晚居家智能手机非工作使用进行社交、娱乐和学习的时长，及其对员工关系、自主和胜任需求的满足对员工次日资源恢复水平和主动行为有显著积极作用。

2.2　睡眠与个体资源恢复和工作行为

睡眠是我们个体每日生存和发展的最基本的需求，众多学者尝试探索睡眠的机制。在生理资源方面，睡眠对身体的恢复作用主要通过调整一系列生理过程实现，包括细胞修复、免疫功能调节和荷尔蒙平衡。睡眠时身体会分泌更多的生长激素和睾酮，对身体组织的修复和恢复至关重要（Van Cauter et al.，2000；Leproult and Van Cauter，2011）。深度睡眠也能够促进免疫细胞的产生，从而增强免疫功能（Besedovsky et al.，2019）。

在心理资源方面，学者们发现不同阶段的睡眠及其相应的脑部活动有助于心理资源恢复：能量恢复和神经系统修复发生在非快速眼动睡眠阶段（Non-Rapid Eye Movement，NREM），而快速眼动睡眠阶段（Rapid Eye Movement，REM）则会发生脑局部激活（Siegel，2005），这个阶段也被认为是情绪记忆巩固的关键时期（Walker and van der Helm，2009）。学者们也尝试发展理论来解释睡眠的功能，例如互补学习系统模型（complementary learning systems model）认为睡眠时脑部两个记忆系统会相互联系巩固记忆，即海马层—新皮层的信息传递（Born and Wilhelm，2012）。激活扩散理论认为睡眠期间的乙酰胆碱和去甲肾上腺素水平促进了新皮层的联通性，突触稳态假说认为人进入睡眠后，神经调节的改变使突触按比例缩减到基线水平的总强度，从而帮助记忆重组，也为次日新的认知活动做准备（Tononi and Cirelli，2006）。

总的来说，在记忆方面，睡眠期间大脑中的神经元重播学习经验，可以增强记忆的稳定性，并提高其对干扰的抵抗力（Diekelmann and Born，2010）。在认知方面，睡眠期间大脑会代谢废物，而低质量睡眠会影响前额皮质的功能，进而影响个体进行自我调节的资源（Mauss et al.，2013）。低水平睡眠会导致个体自我调节所需的资源不足，进而抑制个体的控制能力，更有可能出现偏差行为而不是主动行为（Christian and Ellis，2011）。基于上述讨论，我们可以看出员工每晚睡眠的质量和时长会对员工次日心理和生理资源，以及主动行为有显著积极作用。

H2：每晚睡眠质量和时长对员工次日资源恢复水平和主动行为有显著积极作用。

2.3 智能手机非工作使用与睡眠交互对个体资源恢复和工作行为影响

ten Brummelhuis 和 Bakker（2012）认为人有些资源是不稳定的，随着时间推移和情景变化，这些资源的作用会变化。例如，注意力资源在需要认知的场景如考试有更强作用，但随着注意力资源不断使用，注意力随时间推移会下降（Hobfoll，1989）。相对于短期的注意力资源，社会支持相关的资源对个体在生活场景的态度和行为会有更稳定的影响。智能手机非工作使用满足自主、胜任和归属需求让个体获得心理资源，但这些资源随着时间推移到次日工作时有可能会衰减。相对于这些心理资源，员工通过睡眠获取体力和认知上的资源更近端也更适用于工作场合，如注意力资源更有可能让员工发现工作需要改进的地方，进而采取主动行为（廖化化等，2022）。因此，相对于前一晚智能手机非工作使用，睡眠对员工的生理与心理资源恢复和主动行为有更显著的作用。只有当员工睡眠差而不能获取应得的生理和心理资源时，智能手机非工作使用这种较为远端的资源恢复方式，对员工次日资源恢复和主动行为会有更显著的作用。

H3：每晚睡眠和智能手机非工作使用的交互将对员工资源恢复和后续主动行为产生影响：相对于差的睡眠，在睡眠好的情况下，每晚智能手机非工作使用对员工次日资源恢复水平和主动行为的作用下降。

3. 研究方法

3.1 样本与程序

研究数据来源于我国某高校 MBA 学员。首先向 MBA 学员阐明研究调查不涉及企业商业机密，研究数据只做趋势分析，不会泄露任何个人隐私。有 78 名 MBA 学员愿意参加调查。作者对所有研究对象建立了微信群，调研问卷通过问卷星发送问卷链接到调研群中。调研首先收集所有学员的个人统计变量，而后正式调研开始。连续两周 10 个工作日内，参与者每天进行两次问卷调查。第一次问卷调查是每日早上 8 点前，参与者收到问卷链接，报告昨晚手机使用情况、睡眠情况以及当前资源恢复水平。第二次问卷在工作日每天上午工作结束时（12：00）通过微信群发送，研究对象报告上午自己的主动行为。最后有 750 名参与者完成了 10 个工作日的调查，即 750 份调研数据。这 75 名研究对象工作地点分布在华东、华南和华中地区，主要在华中地区，所在的企业性质分布为国有企业 28.6%，民营企业 71.4%。调查对象教育程度为研究生学历 40.1%，本科学历 59.9%。工作性质包括营销、财务、工程技术、人力资源管理、生产管理等。

3.2　变量测量

除了非工作手机使用和睡眠的时长外，研究中其他变量均采用 Likert5 点法计分，具体为 1＝非常不符合，5＝非常符合。

（1）每晚居家场景下非工作手机使用。居家场景下的智能手机非工作使用分别采用客观测量手机使用时长和主观测量手机使用质量。客观测量根据 Lanaj 等（2014）的研究，测量员工手机使用的时长。具体来说，员工每晚居家智能手机社交使用时长的测量条目为："昨天晚上您使用手机和同学、朋友、家人聊天互动多长时间（分钟数）"；娱乐使用时长的测量条目为："昨天晚上您使用手机玩游戏、看综艺等娱乐活动多长时间（分钟数）"；学习使用时长的测量条目为："昨天晚上您使用手机从公众号、朋友圈、新闻等获取信息，进行阅读大概多长时间（分钟数）"。在分析时我们将手机使用时长单位换算为小时数。

对应上述三种类型使用，员工还报告使用手机的需求感受，分别是关系需求满足、胜任需求满足和自主需求满足，这些主观测量采用成熟的李克特量表，具体如下：

智能手机非工作使用关系需求满足。根据 Costa 等（2015）的研究，原始问卷采用 5 条目对员工的关系需求满足进行测量。本研究中所使用的典型条目为：总的来说，"通过手机与家人、朋友保持联系让我觉得我有所归属"。该测量的内部一致性系数为 0.930。

智能手机非工作使用自主需求满足。在 Costa 等（2015）的研究基础上，结合 Papacharissi 和 Rubin（2000）对放松的研究工作，对条目进行一定的改编，典型条目为：总的来说，"用智能手机进行的娱乐让我觉得很自在"。该测量的内部一致性系数为 0.929。

智能手机非工作使用胜任需求满足。同样是根据 Costa 等（2015）的研究，原始问卷采用 3 条目测量，其典型条目为：总的来说，"通过获取这些信息使我获得了有用的信息"。该测量的内部一致性系数为 0.879。

（2）睡眠质量和时长。睡眠质量采用 Liu 等（2021）研究中睡眠质量的单条目进行测量，具体问题为"昨天您的睡眠质量是：1＝非常差，5＝非常好"。睡眠时长采用 Lanaj 等（2014）的研究，参与者使用下拉菜单来选择睡眠的时长，"昨晚您的睡眠时长是多少小时多少分钟"。在分析时我们将睡眠时长单位换算为小时数。

（3）资源恢复水平。资源恢复水平参照 Sonnatag 等（2008）的研究，采用 4 条目对工作活力进行测量，具体条目为：今天工作时，"我的精神很好""我的身心状态不错""我的精力不错""我感觉充满了能量"。本研究中，该测量的内部一致性系数为 0.956。

（4）主动行为。次日主动行为的测量参照 Grant 等（2009）的研究，采用 3 条目来测量，具体条目是：今天工作中，"我尝试对工作进行改进""我主动解决工作问题""我尝试更有效的工作方法"。该测量的内部一致性系数为 0.875。

控制变量：个体间层次的控制变量为性别、年龄及工作年限，这些变量均在前测中测量。为了控制家庭场景中的工作目的智能手机使用，员工每天第一次问卷调查还报告了前一晚智能手机工作使用的时长，具体条目为"昨天晚上您使用手机进行工作有多长时间（分钟数）"。

4. 结果分析

4.1 验证性因子分析和共同方法偏差检验

本研究中每日数据嵌套于个体内，属于层次结构的数据，因此我们计算了每晚智能手机非工作使用的三个维度（社交、娱乐、学习）、每晚睡眠、次日资源恢复水平、次日主动行为的个体内方差百分比，以检验上述变量是否适合进行跨层分析。结果如表 1 所示，除睡眠的质量维度外，各变量个体内方差百分比从 49.5% 到 87.3%，根据经验抽样法的操作建议（McGraw and Wong, 1996），一般认为个体内的变异需占到总变异的 26% 时才有同时考察个体内和个体间差异的必要性。本研究中个体内的变异水平总体较高，提示需要考察个体内变异从而构建个体内和个体间研究的跨层分析。

表 1   **变量个体内方差百分比**

	变量	个体内方差（e^2）	个体间方差（r^2）	个体内方差百分比（%）
每晚居家智能手机非工作使用时长	社交使用时长	0.254	0.119	68.10%
	娱乐使用时长	0.561	0.220	71.83%
	学习使用时长	0.193	0.028	87.33%
每晚居家智能手机非工作使用质量	关系需求满足	0.202	0.166	54.89%
	自主需求满足	0.252	0.257	49.51%
	胜任需求满足	0.229	0.142	61.73%
每晚睡眠	每晚睡眠时长	2.113	0.557	79.14%
	每晚睡眠质量	0.219	2.741	7.40%
次日结果	次日资源恢复水平	0.327	0.100	76.58%
	次日主动行为	0.220	0.135	61.97%

注：个体内方差百分比 = $e^2/(e^2+r^2)$

本研究使用 Mplus8.0 对智能手机非工作使用的关系需求满足、胜任需求满足、自主需求满足以及资源恢复水平、次日主动行为进行验证性因子分析（CFA）以判断模型的拟合优度。表 2 的数据结果表明本研究所采用的五因子模型在拟合结果上要显著优于其他竞争模型，各变量之间具有较好的区分效度。由于单题项无法进行验证性因子分析，研究基于 Fisher 等（2016）关于单条目测量的建议，采用了相关系数来评价手机非工作使用的社交、娱乐、学习时长与其他构念的区分效度，表 3 显示非工作手机使用时长（社交、娱乐、学习）、睡眠时长与资源恢复水平、主动行为的相关系数在 -0.066~0.148，可见非工作手机使用、睡眠与资源恢复水平和主动行为的相关程度低，有较好的区分效度。

表 2   验证性因子分析

模　　型	χ^2	df	CFI	TLI	SRMR	RMSEA
五因子模型 （关系、胜任、自主、资源恢复水平、主动行为）	257.745	94	0.984	0.979	0.025	0.048
四因子模型 （关系、胜任、自主、资源恢复水平+主动行为）	1451.700	98	0.864	0.833	0.119	0.136
三因子模型 （关系+胜任+自主、资源恢复水平、主动行为）	3032.635	101	0.705	0.649	0.134	0.197
二因子模型 （关系+胜任+自主、资源恢复水平+主动行为）	4212.801	103	0.586	0.518	0.177	0.231
单因子模型	7193.743	104	0.286	0.176	0.204	0.301

由于数据均是自我报告，我们还进行了共同方法偏差检验。研究采用了 Harman 单因素检验方法对数据进行了共同方法偏差检验，这种技术的基本假设是如果共同方法偏差大量存在，进行因素分析时，要么析出单独一个因子，要么一个公因子解释了大部分变量变异（周浩和龙立荣，2004）。基于第二个工作日数据检验共提取了五个成分因子，第一因子解释方差为 28.36%。由此可见，共同方法偏差在可接受的范围内。

4.2　主效应检验

表 3 列出了员工自我报告的个体内水平数据的均值、标准差及相关系数。

为检验每晚非工作手机使用和睡眠对员工资源恢复和主动行为的主效应，本研究使用 Mplu8.0 对图 2 所示的路径进行分析。结果显示，在个体内层面控制了员工每日智能手机工作使用，在个体间层面控制了员工的性别、年龄和工作年限后，每晚非工作使用时长和使用效果对员工每日资源恢复水平具有差异化影响。具体而言，每晚手机使用的娱乐时长对其第二日资源恢复水平具有显著的负向作用（$\beta=-0.086$，$p<0.01$）；而因手机使用所产生的关系需求满足和自主需求满足均对员工次日资源恢复水平产生显著正向预测作用（$\beta=0.136$，$p<0.01$；$\beta=0.135$，$p<0.01$）。社交时长、学习时长以及胜任需求满足对资源恢复水平的作用并未达到显著水平。进一步，每晚智能手机非工作使用的时长和效果对员工次日工作场所主动行为的预测作用也有差异。具体而言，员工每晚手机使用的社交时长对其次日主动行为具有显著正向预测作用（$\beta=0.069$，$p<0.05$），且每晚智能手机使用所带来的自主需求满足亦能够对其次日主动行为产生正向影响（$\beta=0.094$，$p<0.05$）。因此，假设 H1 获得部分支持。

当考察睡眠对员工的影响时，员工所报告的前一晚睡眠时长和睡眠质量对其次日资源恢复水平具有显著正向预测作用（$\beta=0.047$，$p<0.01$；$\beta=0.109$，$p<0.05$）；但二者对其次日工作场所内主动行为的预测作用均不显著。因此，假设 H2 获得部分支持。

表3 个体内水平各变量的描述性统计和相关系数

变量	M	SD	1	2	3	4	5	6	7	8	9	10	11	12	13
个体内层面变量（N=750）															
每晚智能手机非工作使用时长 1. 社交使用	0.563	0.373													
2. 娱乐使用	0.832	0.781	0.079*												
3. 学习使用	0.394	0.220	0.045	0.138***											
每晚智能手机非工作使用质量 4. 关系需求	3.660	0.368	0.190***	0.087*	0.113**										
5. 自主需求	3.440	0.471	0.088*	0.256***	0.088*	0.223***									
6. 胜任需求	3.376	0.372	0.113**	0.061	0.167***	0.244***	0.219***								
7. 每晚睡眠时长	6.823	2.670	-0.061	-0.080*	-0.047	-0.128**	0.011	-0.011							
8. 每晚睡眠质量水平	1.571	2.960	0.044	0.037	-0.016	0.057	0.117**	-0.015	0.092*						
9. 次日资源恢复水平	3.393	0.427	0.008	-0.052	-0.002	0.118**	0.151***	0.102**	0.148***	0.403***					
10. 次日主动行为	3.480	0.356	0.105**	-0.004	0.065	0.054	0.075*	0.078*	-0.066	0.009	0.053				
个体内层面控制变量（N=750）															
11. 每晚工作使用	0.740	2.144	-0.139***	-0.135***	0.000	-0.105**	-0.110**	-0.172***	-0.077*	-0.065	-0.157***	0.060			
个体间层面控制变量（N=750）															
12. 性别	24.083	1.640	0.230*	0.252*	0.025	0.207	0.219	-0.035	0.081	0.084	0.112	0.046	-0.293**		
13. 年龄	30.240	15.542	-0.312**	-0.125	-0.080	0.110	-0.156	0.076	0.145	0.008	0.034	0.048	0.013	-0.116	
14. 工作年限	5.953	13.028	-0.206	0.026	-0.204	0.192	0.076	0.140	0.028	0.374***	-0.068	0.111	-0.093	0.044	0.573***

注：* 代表 $p<0.05$；** 代表 $p<0.01$；*** 代表 $p<0.001$。

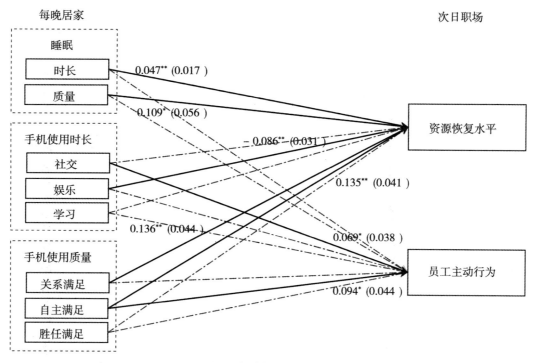

图 2　主效应路径分析图

注：在分析中控制了个体统计变量和每晚智能手机工作使用。实线表示达到显著性水平的路径，虚线表示未达到显著性水平的路径，括号内数据为路径系数的标准误，＊代表 $p<0.05$，＊＊代表 $p<0.01$。

4.3　交互效应检验

为考察睡眠这一重要资源恢复机制对个体资源的补充作用，同样采用 Mplus8.0 进行路径分析，结果如图 3 所示。在加入了睡眠时长、睡眠质量和手机使用情况及其交互项后，关系需求满足、自主需求满足和胜任需求满足均对员工次日资源恢复水平起显著正向预测作用（$\beta_1 = 0.146$，$p<0.01$；$\beta_2 = 0.135$，$p<0.01$；$\beta_3 = 0.114$，$p<0.05$）。而胜任需求满足与睡眠时长的交互项对员工次日资源恢复水平起显著负向预测作用（$\beta = -0.058$，$p<0.05$）。非工作手机使用时长和效果与睡眠的交互项对员工次日主动行为的预测作用均未达到显著水平。

为进一步明确睡眠时长和手机使用对员工资源恢复的交互作用，根据 Aiken 和 West（1991）的建议，进行简单斜率检验，其结果如图 4 所示。路径分析的结果表明（如表 4 所示），胜任需求满足对员工次日资源恢复的正向预测作用在低睡眠时长（均值-1SD）的情况下显著（$\beta = 0.270$，$p<0.05$），而在睡眠时长本身较长（均值+1SD）的情况下变得不再显著（$\beta = -0.042$，$p>0.05$）。胜任需求满足对员工资源恢复的预测作用在睡眠时长的高低组之间组间差异显著（$\beta = -0.312$，$p<0.05$），H3 获得部分验证。

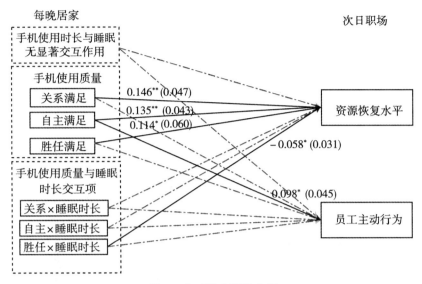

图 3　交互效应路径分析

注：为简洁显示，仅标注达到显著性水平的路径；*** 代表 $p<0.001$；** 代表 $p<0.01$；* 代表 $p<0.05$；括号内数值为系数的标准误。

表 4　　　　　　　　　　　　　　　　　　调节效应检验

睡眠时长的调节效应	估计值	标准误	95%置信区间	
			低值	高值
高组	−0.042	0.118	−0.273	0.189
低组	0.270	0.083	0.107	0.433
组间差异	−0.312	0.164	−0.634	−0.011

5. 讨论

　　智能手机已经成为人们生活工作中非常重要的工具，使人们可以非常便利地进行社交、娱乐、学习等活动，这种易用性、娱乐性、有用性使得大多数人对手机有一定程度上瘾，很多人可能因为"玩手机"而影响睡眠。资源保存理论视角下，"玩手机"是补充了心理资源但消耗了时间资源进而可能影响睡眠，睡眠补充我们的生理资源，对我们的认知和情绪能力都有恢复作用，那我们究竟是应该玩手机还是早休息呢？本研究基于资源保存理论中不同类型资源的视角，通过研究手机使用和睡眠对员工资源恢复和主动行为的影响，探索这种"玩手机还是早休息"现象背后个体生理和心理资源消耗与补充同时发生的矛盾过程。基于 75 个员工连续 10 个工作日的经验抽样法研究发现，"玩手机"和睡眠都有效补充了员工资源，有助于员工次日资源恢复和主动行为。睡眠和"玩手机"存在交互效应，即当睡眠充足时，智能手机非工作使用对资源补充的作用降低；但当睡眠不足时，智能手机非工作使用对员工胜任需求的满足对次日工作状态有更强的影响作用。以下我们对这些研究发现进行讨论。

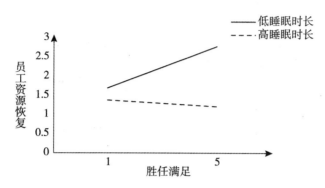

图 4　睡眠时长与智能手机非工作使用质量对员工资源恢复的交互作用图

5.1　理论贡献

研究的理论贡献体现在三个方面。第一，研究从多资源视角应用资源保存理论分析员工居家情景下资源恢复对工作场所行为的影响，有效丰富了家庭—工作平衡的研究。资源保存理论认为个体有多种类型资源，如物质资源，比如婚姻和家庭，或者社会支持类资源，如情感和尊重（ten Brummelhuis and Bakker, 2012）。尽管个体有多种资源，但以往研究常常基于某一种资源展开研究，本文同时聚焦个体心理和生理资源，探索居家"玩手机"和睡眠对个人资源恢复过程的影响，发现智能手机非工作使用和睡眠对个人次日资源恢复和次日工作领域的主动行为都有显著作用。

第二，研究发现居家场景下智能手机非工作使用对员工资源恢复的积极作用。很多人都会认为"玩手机"是浪费时间，应该减少手机使用、尽早休息。研究发现睡眠时长和睡眠质量确实对员工次日资源恢复水平和主动行为都有显著促进作用。这个与理论以及经验都是相符合的（Kessler et al., 2011）。但与这个常规认识所不同的是，我们发现在控制了睡眠的作用后，智能手机非工作使用对员工次日的资源恢复仍有显著影响，其中手机社交使用还会进一步促进员工次日中午报告的主动行为。"玩手机"可以在确保良好睡眠的基础上提升员工次日工作状态，其原因可能是"玩手机"和睡眠提供了不同的资源恢复路径。睡眠恢复个体的生理和心理功能（Barnes, 2012），而智能手机使用可以满足个体的心理需求，这些需求包括关系需求、胜任需求和自主需求。需求的满足使得员工处于积极状态，如高生活满意度，这种心理资源会使员工报告更高的资源恢复水平和在工作场所展现主动行为（Hobfoll, 1989）。

第三，研究的另一个贡献是发现智能手机使用所带来的资源恢复和睡眠产生的资源恢复的相互替代作用。研究发现在员工睡眠良好情况下，智能手机使用对个体资源恢复没有显著作用。但智能手机使用对员工的心理资源恢复作用，在睡眠不足时则变得重要起来。如图 4 所示，当睡眠不足时员工使用手机产生的高胜任需求满足对员工资源恢复有显著作用。与关系需求和自主需求满足不同,睡眠时长对手机使用胜任需求满足的作用有交互作用,这个可能是由于相对于关系需求和自主需求满足,胜任需求满足作为一种重要的心理资源会有更为持久的、跨情景的作用(Hobfoll, 1989)。相对于睡眠质量,只有睡眠时长和手机使用对员工次日工作状态有交互作用。这可能是因为睡眠质量是主观评价,更多是报告者的感受,而睡眠时长是相对客观的指标,睡眠时长越长越有利于资源恢复。可见在日常居家休息中,确保睡眠时长的重要性。

与假设不同,研究结果并没有发现睡眠对员工的主动行为的显著作用,而手机的社交使用和自主需求满足对主动行为有显著作用,这提示未来研究应当聚焦个体具体的资源,更为细致地剖析不同资源对员工行为的影响。研究还发现手机娱乐使用对资源恢复水平有显著副作用,这可能是通过手机打游戏、追剧而影响了睡眠,进而影响资源恢复,表明未来研究应当考察智能手机使用和睡眠之间的相关性对员工资源恢复的影响。

5.2 实践意义

我们每天在"玩手机"时可能会有愧疚感,认为浪费了宝贵时间,应当早睡早起。但本文研究结果显示"玩手机"是满足我们心理需求的重要途径,有利于我们心理资源的恢复,提升次日的工作状态。作为社会人,我们不仅有生理需求还有心理需求。因此,在当前工作和生活中,我们不应将自己视作"工具人",而是应当给自己留出时间进行学习、娱乐、社交。如今智能手机功能越来越强大,通过智能手机完成学习、娱乐、社交是很好的方式。

本文研究结果显示当睡眠充足时,"玩手机"所带来的积极作用会有所降低。良好的睡眠首先帮助我们恢复生理资源,让我们有体力有精力完成工作。相反,睡眠不足会严重影响个体体力资源的恢复,从而产生一系列问题。一项对美国工人的研究发现,睡眠问题与低工作绩效、更多的工作伤害和更多的病假密切相关(Kessler et al., 2011)。睡眠对我们的认知功能和情绪调节能力恢复也都有显著作用(Diekelmann and Born, 2010)。这些功能都会影响员工的主动行为,因为缺乏认知资源会降低员工发现问题的可能性,缺乏情绪资源会降低员工的工作投入(Baum et al., 2014)。总的来说,我们应该平衡好使用手机娱乐和睡眠休息的关系,当时间不充足时最佳选择还是充足的睡眠。在缺乏睡眠时,可以通过短暂"玩手机"来补充自己的心理资源,也是对我们生活和工作有利的支持(骆元静, 2023)。

5.3 研究局限和未来展望

本研究的不足具体体现在以下几点:(1)本文所有变量均是自我报告。尽管研究采用多时点抽样,一定程度避免同源数据偏差(段锦云和陈文平, 2012; Beal, 2015),但未来研究仍应当尝试第三方评价,例如请领导对员工工作场所的主动行为进行评价。(2)手机非工作使用的时长采用单条目进行测量,这使得测量存在信度和效度的问题。以往智能手机使用研究大多采用单条目测量(Sheer and Rice, 2016),卫旭华和张亮花(2019)也采用元分析验证了单条目测量方法在信度和效度上的可靠性。未来研究可以在确保隐私的情况下，使用 APP 来记录手机实际使用时长，包括工作使用和非工作使用时长（Ellis et al.，2019）。（3）研究设计中没有考虑智能手机非工作使用和睡眠之间的相关性。如表 3 所示，智能手机使用和睡眠时长呈负相关。未来研究设计中需要考察这种因变量的相关性对结果的影响。（4）研究样本主要来自我国中部的员工，使得研究结论的普适性受到限制。不同地域对工作的观念不一样，工作压力也有区别，这可能会影响家庭—工作的关系，未来应当有更广泛的数据收集来检验相关的研究结论。

尽管存在这些研究局限，但本研究将资源保存理论应用于居家休息场景中，探索个体不同类型资源的恢复过程以及对个体工作的影响，拓展了资源保存理论的应用。未来研究可以尝试聚焦居家人际互动的场景，探索在家中伴侣间一方"玩手机"对另一方的影响，以及对子女的影响。以往研究显示人际互动中，使用手机会让互动者有被忽视的不适感（Caplan and Courtright，2023）。同样，居家情景下一方"玩手机"可能会让未使用手机的另一方有被忽视甚至是被剥夺的感受。因此，可以进一步探索智能手机使用在家庭场景带来的积极和消极影响。

◎ 参考文献

[1] 廖化化，黄蕾，胡斌. 资源保存理论在组织行为学中的应用：演变与挑战 [J]. 心理科学进展，2022，30（2）.

[2] 林梦迪，叶茂林，彭坚，尹奎，王震. 员工的睡眠质量：组织行为学的视角 [J]. 心理科学进展，2018，26（6）.

[3] 骆元静. 小憩还是摸鱼？非工作使用智能手机对员工影响的多层次研究 [J]. 商业经济与管理，2023，378（4）.

[4] 盛小添，刘籽含，张西超，郭恒，笪姝，周诗怡. 睡眠与工作：相互作用机制 [J]. 心理科学进展，2018，26（10）.

[5] 卫旭华，张亮花. 单题项测量：质疑、回应及建议 [J]. 心理科学进展，2019，27（7）.

[6] 钟娟，陈昕，苏会，魏彦杰. 数字化转型对劳动投资效率的影响及其作用机制 [J]. 广东财经大学学报，2023，38（5）.

[7] 周浩，龙立荣. 共同方法偏差的统计检验与控制方法 [J]. 心理科学进展，2004，12（6）.

[8] Aiken, L. S., West, S. G. Multiple regression：Testing and interpreting interactions [M]. Newbury Park, CA：Sage，1991.

[9] Barnes, C. M. Working in our sleep：Sleep and self-regulation in organizations [J]. Organizational Psychology Review，2012，2（3）.

[10] Beal, D. J. ESM 2.0：State of the art and future potential of experience sampling methods in organizational research [J]. Annual Review of Organizational Psychology and Organizational Behavior，2015，2（1）.

[11] Benlian, A. A daily field investigation of technology-driven spillovers from work to home [J]. MIS Quarterly，2020，44（3）.

［12］ Born, J. , Wilhelm, I. System consolidation of memory during sleep ［J］. Psychological Research, 2012, 76 (2).

［13］ Caplan, S. E. , Courtright, J. A. The effects of mobile device use and presence on perceptions of a conversation partner ［J］. Western Journal of Communication, 2023, Published online: 09 May 2023.

［14］ Christian, M. S. , Ellis, A. P. J. Examining the effects of sleep deprivation on workplace deviance: A self-regulatory perspective ［J］. Academy of Management Journal, 2011, 54 (5).

［15］ Conlin, A. , Hu, X. J, Barber, L. K. Comparing relaxation versus mastery microbreak activity: A within-task recovery perspective ［J］. Psychological Reports, 2021, 124 (1).

［16］ Costa, S. , Ntoumanis, N. , Bartholomew, K. J. Predicting the brighter and darker sides of interpersonal relationships: Does psychological need thwarting matter? ［J］. Motivation & Emotion, 2015, 39 (1).

［17］ Crowley, J. P. , Allred, R. J. , Follon, J. , et al. Replication of the mere presence hypothesis: The effects of cell phones on face-to-face conversations ［J］. Communication Studies, 2018, 69 (3).

［18］ Diekelmann, S. , Born, J. The memory function of sleep ［J］. Nature Reviews Neuroscience, 2010, 11 (2).

［19］ Du, J. , Fan, W. and Choi, J. N. Non-work-related instant messaging in the workplace and daily task performance: Complementarity between social and cognitive resources ［J］. Journal of Managerial Psychology, 2022, 37 (4).

［20］ Ellis, D. A. , Davidson, B. I. , Shaw, H. , et al. Do smartphone usage scales predict behavior? ［J］. International Journal of Human Computer Studies, 2019, 130 (10).

［21］ Fisher, G. G. , Matthews, R. A, Gibbons, A. M. Developing and investigating the use of single-item measures in organizational research ［J］. Journal of Occupational Health Psychology, 2016, 21 (1).

［22］ Grant, A. M. , Parker, S. , Collins, C. Getting credit for proactive behavior: Supervisor reactions depend on what you value and how you feel ［J］. Personnel Psychology, 2009, 62.

［23］ Hobfoll, S. E. Conservation of resources: A new attempt at conceptualizing stress ［J］. American Psychologist, 1989, 44 (3).

［24］ Hobfoll, S. E. , Halbesleben, J. , Neveu, J. -P. , et al. Conservation of resources in the organizational context: The reality of resources and their consequences ［J］. Annual Review of Organizational Psychology and Organizational Behavior, 2018, 5.

［25］ Horwood, S. , Anglim, S. Problematic smartphone usage and subjective and psychological well-being ［J］. Computers in Human Behavior, 2019, 97.

［26］ Kessler, R. C. , Berglund, P. A. , Coulouvrat, C. , et al. Insomnia and the performance of US workers: Results from the America Insomnia Survey ［J］. Sleep, 2011, 34.

［27］ Lanaj, K. , Johnson, R. E. , Barnes, C. M. Beginning the workday yet already depleted? Consequences of late-night smartphone use and sleep ［J］. Organizational Behavior and Human Decision Processes, 2014, 124 (1).

［28］ Lavoie, R., Zheng, Y. L. Smartphone use, flow and wellbeing: A case of Jekyll and Hyde ［J］. Computers in Human Behavior, 2023, 138.

［29］ Leproult, R., Van Cauter, E. Effect of 1 week of sleep restriction on testosterone levels in young healthy men ［J］. JAMA, 2011, 305（21）.

［30］ Liu, D., Kahathuduwa, C., Vazsonyi, A. T. The Pittsburgh sleep quality index（PSQI）: Psychometric and clinical risk score applications among college students ［J］. Psychological Assessment, 2021, 33（9）.

［31］ Mauss, I. B., Troy, A. S., LeBourgeois, M. K. Poorer sleep quality is associated with lower emotion-regulation ability in a laboratory paradigm ［J］. Cognition & Emotion, 2013, 27（3）.

［32］ McGraw, K. O., Wong, S. P. Forming inferences about some intraclass correlation coefficients ［J］. Psychological Methods, 1996, 1（1）.

［33］ Morrison, E. W., & Phelps, C. C. Taking charge at work: Extrarole efforts to initiate workplace change ［J］. Academy of Management Journal, 1999, 42（4）.

［34］ Oerlemans, W. G., Bakker, A. B., Demerouti, E. How feeling happy during off-job activities helps successful recovery from work: A day reconstruction study ［J］. Work & Stress, 2014, 28（2）.

［35］ Ouyang, K., Cheng, B. H., Lam, W., et al. Enjoy your evening, be proactive tomorrow: How off-job experiences shape daily proactivity ［J］. Journal of Applied Psychology, 2019, 104（8）.

［36］ Papacharissi, Z., Rubin, A. M. Predictors of internet use ［J］. Journal of Broadcasting & Electronic Media, 2000, 44（2）.

［37］ Ryan, R. M., Deci, E. L. Self-determination theory and the facilitation of intrinsic motivation, social development, and well-being ［J］. American Psychologist, 2000, 55（1）.

［38］ Ryan, R. M., Deci, E. L. Self-determination theory: Basic psychological needs in motivation, development, and wellness ［M］. The Guilford Press, 2017.

［39］ Sheer, V. C., Rice, R. E. Mobile instant messaging use and social capital: Direct and indirect associations with employee outcomes ［J］. Information & Management, 2016, 54（1）.

［40］ Siegel, J. M. Clues to the functions of mammalian sleep ［J］. Nature, 2005, 437（7063）.

［41］ Sonnentag, S., Binnewies, C., & Mojza, E. J. "Did you have a nice evening?" A day-level study on recovery experiences, sleep, and affect ［J］. Journal of Applied Psychology, 2008, 93（3）.

［42］ ten Brummelhuis, L. L., & Bakker, A. B. A resource perspective on the work-home interface: The work-home resources model ［J］. American Psychologist, 2012, 67（7）.

［43］ Tononi, G., Cirelli, C. Sleep function and synaptic homeostasis ［J］. Sleep Medicine Reviews, 2006, 10（1）.

［44］ Van Cauter, E., Leproult, R., Plat, L. Age-related changes in slow wave sleep and REM sleep and relationship with growth hormone and cortisol levels in healthy men ［J］. Journal of the American Medical Association, 2000, 284（7）.

［45］ Walker, M. P., van der Helm, E. Overnight therapy? The role of sleep in emotional brain processing

［J］. Psychological Bulletin, 2009, 135 (5).

To Play with Phone or to Rest Early? A Study on the Impact of Non-work-related Smartphone Use and Sleep on Employees' Subsequent Day's Work

Luo Yuanjing

(College of Economics and Management, Huazhong Agricultural University, Wuhan, 430070)

Abstract: Smartphones have become essential tools for people's work and life. Scholars have explored the positive and negative effects of smartphone use on employees. For instance, smartphone use allows for brief breaks to recharge, but it also blurs the boundaries between work and home, increasing work-related stress for employees. Extending prior research, this study analyzes the contradiction in employees' smartphone use at home, where it supplements psychological resources but depletes time resources. Drawing upon the conservation of resources theory, this study examines the impact of this contradiction on employees' work outcomes. The research surveyed 75 employees over ten consecutive workdays, resulting in 750 valid data points. Using a multilevel linear modeling approach, the study found that non-work-related smartphone use and sleep at home both have a restorative effect on employees' psychological and physiological resources, subsequently positively affecting their proactive behaviors at work the next day. However, when employees have adequate sleep, the positive effects of non-work-related smartphone use on resource recovery and proactive behavior decrease. Conversely, when employees experience poor sleep, the positive effects of non-work-related smartphone use strengthen. The study compared the recovery mechanisms of different types of resources in the conservation of resources theory, enriching its application in various scenarios.

Key words: Non-work smartphone use; Sleep; Physiological resources; Psychological resources; Resource recovery

专业主编：杜旌

珞珈管理评论
2024 年卷第 2 辑（总第 53 辑）

Luojia Management Review
No. 2，2024（Sum. 53）

经销商角色外利他行为对效率和公平的影响：
渠道治理的调节作用[*]

● 李学成[1]　丰　超[1]　陈　慧[2]　庄贵军[3]

（1　南京航空航天大学经济与管理学院　南京　211106；

2　南京师范大学金陵女子学院　南京　210024；

3　西安交通大学管理学院　西安　710049）

【摘　要】以角色外利他行为和渠道行为治理的相关研究作为理论基础，讨论经销商角色外利他行为对渠道关系中合作效率和合作公平的影响，并检验合同治理和关系治理的调节作用。从经销商的角度收集到有效问卷 343 份，使用多元层次回归分析的方法进行假设检验。本文的实证结果表明：第一，经销商角色外利他行为能够促进其同供应商之间的合作效率和合作公平；第二，与关系治理相比，合同治理会强化经销商角色外利他行为对合作效率的影响；第三，与合同治理相比，关系治理会强化经销商角色外利他行为对合作公平的影响。最后，文章从理论贡献、管理启示和研究不足及未来研究方向等方面对本文的研究结果进行了讨论。

【关键词】角色外利他行为　效率　公平 合同治理　关系治理

中图分类号：F713.50　　　　文献标识码：A

1. 引言

由于市场环境中不确定性因素（譬如 2019 年末爆发的新冠疫情）的出现，企业间交易往往会发生许多始料未及的情况，而双方签订的合同又无法对这些情况进行事前预测和说明。此时，许多企业不仅超出双方签订合同的约定，而且超出其自身的角色预设，主动对合作伙伴表现出有利于对方

---

* 基金项目：国家自然科学基金青年项目（No. 72102107）；南京航空航天大学引进人才科研启动经费（No. 1009-YAH21065）；南京师范大学引进人才科研启动经费（No. 184080H202A169）；河南省高校人文社会科学研究一般项目（No. 2024-ZDJH-109）。

通讯作者：陈慧，E-mail：chen1208hui@163.com。

的行为，从而帮助合作伙伴化解危机。譬如，在国内新冠疫情防控趋于稳定，而其他国家依然遭受新冠病毒肆虐之际，深圳一家消费品供应链公司动员其全球 150 多个物流仓储中心，主动向当地合作伙伴免费提供口罩、消毒液等防疫物资，并积极宣传国内的防疫经验和理念，以帮助海外合作伙伴共度时艰。在营销领域，学者将上述现象界定为角色外利他行为，即在跨组织合作关系中，一个企业超过自身角色定位或角色预设，自觉自愿地帮助合作伙伴解决问题的行为（Wuyts，2007）。在长期稳定的企业间合作关系中，角色外利他行为是一个经常性事件。

回顾角色外利他行为的相关研究，学术界主要从交易治理机制和交易关系特征等方面探讨了角色外利他行为的影响前因。其中，交易治理机制包括合同治理（Wuyts，2007；张闯等，2016；Li，2010）、关系治理（王勇等，2019）、信任（张闯等，2016；Li，2010）等；交易关系特征对角色外利他行为的影响作用研究，主要涉及承诺（Kim et al.，2011）、渠道公平与依赖（Li，2010；王勇等，2016；王勇等，2018）、转换成本（Wuyts，2007）和私人关系（Zhou et al.，2020）等。除了探讨角色外利他行为的影响前因，部分学者也针对角色外利他行为在渠道合作后果方面的影响展开了研究。譬如 Wuyts（2007）的研究指出供应商的角色外利他行为可以提高经销商的关系利益；张闯等（2016）则发现渠道中的经销商角色外利他行为有利于提高企业自身的绩效；孙淑文等（2020）将经销商角色外利他行为作为前因变量，探讨了其对经销商经济绩效的影响。尽管这些研究表明了角色外利他行为对于经济性后果产生的影响，但忽视了角色外利他行为对非经济性后果（譬如合作公平）可能产生的影响。实际上，在实践中，公平是所有社会交换关系和经济交易关系的基础，尤其是在新时代中国经济高质量发展的背景下，企业必须超越把经济回报作为唯一目标的传统理念，兼顾公平等非经济性后果。习近平总书记也多次指出，公平正义不仅是我们追求的崇高价值，也是中国特色社会主义内在要求。在理论上，根据社会交换理论，公平感受有助于渠道成员提升其持续合作意愿，体现出互惠性原则。因此，在研究角色外利他行为对渠道合作后果的影响时，理应关注合作公平这一非经济性后果（Poppy and Zenger，2002；董维维等，2016a）。此外，在跨组织合作关系中，合同治理和关系治理是主要的治理机制，现有研究主要围绕二者的前因、后果以及相互之间的替代或互补关系展开（Li，2010；Kashyap et al.，2012），鲜有将这两种治理机制作为情境因素，探讨其对渠道行为效力的边界影响（Wang et al.，2017）。

为了弥补上述研究的不足，本文通过现场调查的形式进行问卷数据收集，应用统计工具分析 343 份有效问卷，探讨经销商角色外利他行为对合作效率和合作公平的影响，并考虑合同治理和关系治理的边界影响。研究结果表明，经销商角色外利他行为能够促进其同供应商之间的合作效率和合作公平；与关系治理相比，合同治理会强化经销商角色外利他行为对合作效率的影响；与合同治理相比，关系治理会强化经销商角色外利他行为对合作公平的影响。

从理论角度看，本文对于经销商角色外利他行为影响的探讨，同时考虑了经济层面的合作效率问题和非经济层面的合作公平问题，丰富了角色外利他行为的研究。同时，我们将渠道治理机制作为边界条件，探究其对于经销商角色外利他行为与效率和公平之间关系的调节作用，丰富了学术界在渠道治理方面的研究。另外，本文发现，两种跨组织治理机制，即合同治理和关系治理，对角色外利他行为和结果变量之间影响机制具有差异化的调节作用，其中，合同治理会强化经销商角色外利他行为对合作效率正向的影响，关系治理会强化经销商角色外利他行为对合作公平正向的影响，这进一步丰富了有关角色外利他行为影响效力边界机制的研究。从现实角度看，本文的研究结论将为渠道双方调整渠道治理方式提供有利的实证依据。

2. 理论基础和研究回顾

2.1 角色外利他行为

在关系营销范式的影响下，很多企业注意到与合作伙伴维持长期稳定的合作关系的重要性，这不仅需要企业严格履行自己的责任和义务（即角色内行为），还要主动承担一些超过角色设定的行为，这种行为就是组织间的角色外利他行为（interorganizational extra-role altruism behavior）。角色外利他行为，即在跨组织合作关系中，一个企业超过自身角色定位或角色预设，自觉自愿地帮助合作伙伴解决问题的行为（Zhou et al.，2020）。

在跨组织关系相关领域，针对角色外利他行为的探讨，主要是对其影响前因进行研究，这些因素包括公共动机因素和工具性动机因素等（Zhou et al.，2020）。从公共动机因素来看，与合作伙伴建立以及保持情感联系是企业产生角色外利他行为的一般动机，例如私人关系（Zhou et al.，2020）、对合作伙伴的依赖（王勇等，2016；王勇等，2018）、信任（张闯等，2016；Li，2010）、共享价值观（Kashyap，2012）、承诺（Kim et al.，2011）及渠道公平（Li，2010；王勇等，2018）等。譬如，王勇等（2018）认为合同治理可以通过影响渠道公平，促进角色外利他行为。不过，Wang 等（2017）的研究表明合同控制很有可能会导致不信任的产生，以至于抑制角色外利他行为的出现。从工具性动机因素来看，角色外利他行为始于计算的过程，组织为了避免或减少损失，同时为获得良好的声誉，即产生了角色外利他行为，该行为受到计算型承诺（Kim et al.，2011）和高转换成本（Wuyts，2007）等因素的驱动。本文对角色外利他行为的相关研究进行了汇总（见附录）。

通过附录可以看出，现有研究中有关角色外利他行为的讨论，大多是将其作为结果变量，探讨其影响前因。当然，也有一部分研究是将角色外利他行为当作中介变量和前因变量展开讨论。已有的这些将角色外利他行为作为前因变量的研究，充分表明了角色外利他行为对于经济性后果产生的影响，但忽视了角色外利他行为对非经济性后果（譬如合作公平）可能产生的影响。公平是所有社会交换关系和经济交易的基础，根据社会交换理论，公平感受有助于渠道成员提升其持续合作意愿，体现出互惠性原则（Poppy and zenger，2002；董维维等，2016a）。这里，我们要特别指出，尽管王勇等（2018）将渠道公平作为一种过程性认知，探讨了感知公平对于角色外利他行为的影响，但是，实际上，公平不仅是一种过程性认知，更是一种结果性判断（譬如人们常说的兼顾效率与公平）。为此，我们认为，在研究角色外利他行为对渠道合作后果的影响时，需要关注合作公平这一非经济性后果。

2.2 渠道治理

在营销渠道中，彼此依赖的企业之间是相互独立的，各自拥有自己的目标。这就使得企业必须通过跨组织的治理机制一方面抑制对方的投机行为，另一方面提高跨组织的合作水平，进而提高合作绩效（董维维等，2016b）。渠道治理是指合作企业之间进行的约定或者在制度上进行的安排，以建立、维持和结束交易关系（Heide，1994）。作为学者们长期关注的一个问题，渠道治理机制主要有合同治理和关系治理两种，合同治理涉及正式合同的使用，关系治理涉及企业之间的关系规范（卢亭宇等，2020）。

合同治理，即通过订立合同，以保证交易的真实可靠性，并力保其执行性，对交易双方的义务和责任进一步进行框定（Lusch and Brown，1996）。延续此前多数研究的做法（王勇等，2019；Zhou and Poppo，2010），可以使用合同详尽性来度量或者体现合同治理的强度。在渠道交易中，一份详细的合同，列出合同的实施细则，签约双方的权利、责任和义务等，以及签约者之间有可能遇到的问题和处理办法（庄贵军等，2019）。合同越详尽，则合作双方的权利、责任与义务越明确（Zhou and Poppo，2010）。

随着关系交换理念在学术界盛行，关系治理逐渐受到越来越多的关注（丰超等，2018）。关系治理，即组织之间在关系规范之上建立的自我约束机制（丰超等，2018），依赖于非正式的组织结构以及各个参与方的自我执行。目前，对于关系治理的测度，学者们的做法不尽相同，普遍使用信任、沟通、承诺以及灵活性等来体现这一治理机制（林艺馨和张慧瑾，2020）。在本文研究情境中，参考Li（2010）、王勇等（2019）和李瑶等（2014）的操作，使用信任水平来观察关系治理的水平。

在现实中，渠道治理处于合同治理和关系治理之间，呈现出二者的中间结构。人们普遍认同，在进行渠道治理策略选择的时候，可以依据企业的需求和条件，决定采用多少合同治理或关系治理的成分，呈现出两种机制的混合运用。因此，在渠道治理中，合同治理和关系治理存在高低差异，会影响企业行为的效果（Wang et al.，2017）。

在跨组织合作关系中，合同治理和关系治理是两种主要治理机制，现有研究主要针对二者的前因、后果以及相互之间的替代或互补关系展开了讨论（Li，2010；Huang et al.，2014），鲜有将这两种治理机制作为情境因素，探讨其对渠道行为效力的边界影响（董维维等，2016b；Bai et al.，2021）。

3. 研究假设

3.1 经销商角色外利他行为对渠道效率的影响

我们从经销商的角度来观察其与供应商之间的合作效率，具体表现为经销商对其与供应商之间合作关系的正面态度和满意度评价（丰超等，2019a）。我们认为，经销商角色外利他行为会提高双方的合作效率。

如前所述，角色外利他行为是一种超出交易合同规定的自发行为，完全依赖行为主体的主观意愿，行为主体作为与不作为都不会受到组织正式奖惩制度的约束。经销商对其供应商更多地承担角色外利他行为，实际上是向其供应商释放了一种善意的信号，表明此经销商愿意与该供应商维持和深入关系。一方面，根据社会交换理论，即使经销商并未就自己的角色外利他行为而要求供应商做出回报，但供应商依然会基于互惠规范通过不同的方式回报经销商。在中国的社会情境下，供应商对于经销商的回报往往会超出其从经销商处获得的帮助和资源（Poppy and Zenger，2002）。在这样的情况下，经销商的角色外利他行为和供应商的"报答"会提高双方的合作效率。另一方面，值得关注的是，在中国特有的商业情境下，企业间的交易行为深受中国传统文化的影响，经销商针对供应商表现出的角色外利他行为与"施恩不图报"的理念是相吻合的。部分供应商同样会受到中国传统文化中"投桃报李"理念的驱使，而寻求机会对该经销商予以报答。这种回报可能是长期的、持续的，甚至有可能达成交易双方的某种默契，从而提升渠道的合作效率（Heide，1994）。最后，经销商针对供应商的角色外利他行为有助于提高交易效率，降低交易中由于处理一些突发问题需要进行频繁沟通等所产生的成本，减少交易摩擦，有利于促进交易合作的顺利进行，达到双方的合作目标，进而提升渠道的合作效率（Wuyts，2007）。基于以上所述，本文提出如下的假设：

H1：经销商角色外利他行为对其与供应商之间的合作效率有正向影响。

3.2 经销商角色外利他行为对渠道公平的影响

公平，是所有社会交换关系和经济交易关系的基础（Poppy and Zenger，2002；董维维等，2016a）。本文关注的渠道公平是指渠道成员在交易关系中获得的利益与付出的代价相比是否公平的感受，即经销商觉得自己是否获得了应有的来自供应商的公平对待，换句话说，供应商在合作过程中是否公平对待经销商（王勇等，2016）。本文认为，经销商的角色外利他行为会提高供应商在渠道中的公平行为。

如前所述，经销商的角色外利他行为帮助供应商解决所面临的困境，为供应商提供了价值，经销商的这一行为往往在供应商的预料之外。首先，由于经销商表现出的角色外利他行为，是不在其义务和职责之内的，它的基础是经销商面对供应商时存在的善意，这向供应商传递了进行长期合作的信号。另外，由于经销商的角色外利他行为，供应商不需要付出任何成本便可受益，供应商因此会从情感和利益等方面对经销商更加心存感激，主动在合作关系中更加公平对待该经销商。其次，供应商会因经销商的角色外利他行为而形成这样的一种预期：既然经销商能够主动做出有利于自己的事情，那么经销商更会做好自己的分内之事，不会侵害供应商的利益，相信与该经销商合作能够确保交易的顺利进行以及获得长期合作的利益。基于这样良好的预期、内心存在的对经销商的感激以及对长远利益的考虑，供应商会更加公平对待该经销商。最后，经销商的角色外利他行为在供应商以及其他企业眼里可以看作一种恩惠，如果供应商因经销商的角色外利他行为反而做出不公平行为，这会被视为供应商对经销商"恩将仇报"，不仅损害供应商的声誉，而且还影响供应商与其他企业的合作，当其再次面临困境的时候，其他企业也不会对其伸出援助之手。因此，基于以上论述，本文提出如下假设：

H2：经销商角色外利他行为对其与供应商之间的合作公平有正向影响。

3.3　合同治理的调节作用

按照 Heide（1994）的研究成果，跨组织治理中，合同治理包括几个前后相续的步骤，譬如，合同的订立、修改、监督和奖惩等。这其中，合同详尽程度在合同治理中是一个最基本的问题（丰超等，2019b）。本文采用合同详尽性来反映和测度合同治理的强度，并提出，合同治理作为一种可供选择的权变机制，会调节经销商角色外利他行为对于合作效率产生的影响。

一方面，合同治理的水平越高，合同越详尽，交易双方的权利、责任、义务就越明确，双方行事的边界就会越明确。在合同治理水平高的时候，同样的角色外利他行为，由于超出了详尽的合同规定，会更容易被对方感知到，更容易由此形成更加融洽的合作氛围。在这样的情况下，经销商角色外利他行为一旦发生，供应商对于经销商的合作关系的正面态度和评价就更高，从而会提高渠道合作效率（张闯等，2016）。另一方面，合同治理水平越低，合同的详尽程度就越低，双方对各自承担的责任和义务越不明确，双方行事的边界就会越模糊。在经销商进行角色外利他行为的时候，供应商会认为这些是理所应当的，甚至忽视了这些行为，这就降低了经销商继续从事角色外利他行为的积极性，从而无法起到增强合作效率的效果（张闯等，2016）。

此外，我们认为，关系治理对于角色外利他行为和合作效率之间的影响关系没有显著的促进作用。其背后的逻辑在于：信任本身意味着合作双方之间具有一种默认的规范和约束，这造成合作双方对于对方身份或行为的识别不那么清晰。此时，即便经销商超出合同规定、企业角色预设去帮助供应商，供应商会认为这是默认规范下对方应做的行为。因此，我们认为关系治理难以强化角色外利他行为对合作效率正向的影响。基于以上所述，本文提出如下的假设：

H3：相对于关系治理，合同治理会强化经销商角色外利他行为对合作效率的正向影响。

3.4　关系治理的调节作用

目前，学者们普遍将信任、沟通、承诺以及灵活性作为关系治理重要的构成维度（林艺馨和张慧瑾，2020）。在本文研究情境中，我们关注的主要是经销商对供应商的信任，信任是渠道关系治理中最重要的控制机制（Poppy and Zenger，2002），是建立、发展、稳定交易关系及防止关系瓦解的重要影响因素（Das and Teng，1998）。本文采用信任水平来反映和测度关系治理的强度，并提出关系治理作为一种可供选择的权变机制，在经销商角色外利他行为对于合作公平的影响中起调节作用。

信任的建立需要双方的长期经历、考验，与过去和未来的交易情况息息相关（Zaheer and Venkatraman，1995）。当企业间信任水平高的时候，这意味着交易双方对过去的交易情况感到满意，对未来的合作充满良好的预期（Geyskens et al.，1998）。第一，为了加深双方的合作深度，维持相互之间对于未来合作关系的良好预期，一旦经销商做出角色外利他行为，供应商就会投入更多的情感和合作资源，以确保该经销商在渠道网络中得到更加公平的对待。第二，高度的信任意味着供应商不会怀疑该经销商的合作动机、目的以及长期合作的诚意。此时，角色外利他行为会被视为一种主动示好的行为，进而促使供应商更加公平地对待该经销商。第三，根据社会交换理论，合作双方需要遵循互惠的原则（Cropanzano and Mitchell，2005）。高度的信任使得经销商的角色外利他行为被视为对于双方交易关系的一种资源投入，供应商应当做出相应的回应，给该经销商更加公平的对待，同时也为供应商获取良好的声誉。相反，如果在经销商做出角色外利他行为时，供应商却做出有损公平的行为，则会给其他企业留下"不够朋友"的恶劣印象，影响其声誉。在这种威慑效应下，供应商会自觉降低对该经销商的不公平行为。此外，当企业间信任水平低的时候，则意味着交易双方对过去的交易情况感到不太满意，对未来合作的预期不高（Geyskens et al.，1998）。在这种情况下，经销商的角色外利他行为，可能会被供应商理解为对过去交易中"不满意"的补偿，是理所应当的，因而不进行积极的回应，造成对该经销商的不公平行为。同时，供应商对于双方未来合作的预期不高，出于控制成本和减少风险的考虑，供应商可能会做出对该经销商的不公平行为。譬如，减少对该经销商的扶持，过分强调"先款后货"等。

此外，我们认为，合同治理对于角色外利他行为和合作公平之间的影响关系没有显著的促进作用。其背后的逻辑在于：合同治理强调的是合作双方按照规定办事，以及不按规定办事之后的责任追溯及制裁机制（卢亭宇等，2020）。可见，合同治理强调的是按约定办事，合作双方关注的是按照合同条款完成合作目标。不同于信任所能产生的互惠等效果，在供应商按照合同规定办事的过程中，很可能会让供应商在经销商那里留下"公事公办"的印象（Liu et al.，2009）。一方面，供应商这种"公事公办"的态度很容易造成经销商的挫败感，在是否进行角色外利他行为的时候产生犹豫；另一方面，即使经销商对供应商做出了角色外利他行为，可能也得不到供应商的积极回应，而是被供应商一视同仁地对待，从而产生不公平感（Poppo and Zhou，2014）。因此，我们认为合同治理难以强化角色外利他行为对合作公平的正向影响。基于以上所述，本文提出如下的假设：

H4：相对于合同治理，关系治理会强化经销商角色外利他行为对合作公平的正向影响。

本文根据上述假设，提出了研究模型，具体如图 1 所示，其中，经销商角色外利他行为为前因变量，合作效率和合作公平为结果变量，渠道治理（合同治理和关系治理）为调节变量。本文将在供应商与经销商为成员组成的渠道关系中，检验经销商角色外利他行为对合作效率和合作公平的影响，并验证两种渠道治理机制的调节作用。

4. 研究设计

4.1 样本

相关数据的收集工作委托给一家国内著名的专业调研公司进行，以经销商企业为调研对象，而这些经销商企业来源于国内某大型家电生产制造商提供的经销商企业名单。为了避免出现多对一的调研结果，问卷首先要求填写者确定一家主要供应商，针对他们之间的交易关系完成问卷。为了确认调研对象的意向，调研公司安排专业人员，与对方进行初步的接触，大部分通过电话联系，少部

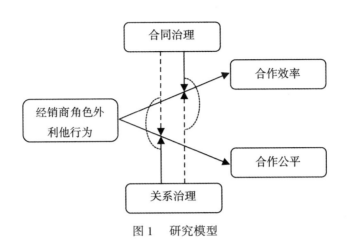

图1 研究模型

分直接上门拜访。调研对象明确表示愿意接受调研后，再派遣正式的调研人员上门，发放调研问卷。为了获得调研对象的配合，该家电生产制造商委派了 5 位部门经理作为问卷发放与收集的协调工作人员，同时，要求该家电生产商的地区代表陪同调研人员一同前往被调研企业。调研人员在执行调研时，必须邀请对方填写联系方式，随后，调研公司另外安排督导人员随机抽取调研对象进行复核，以此保证所获问卷的真实可靠性。

本研究发出调研问卷共计 500 份，整体调研时间持续 2 个月，统一回收并筛选之后，得到的有效问卷有 343 份，有效率 68.6%，被剔除的数据存在问卷填写时间过短、问卷填写出现空白项、测试问题选填错误或大部分题项的选填数字相同等问题。同时，为了减少数据的误差，我们采用了双录的方式，进行数据录入。最终所获样本中，在经销商的企业性质方面，有 18 家国有企业，占 5.25%；263 家民营企业，占 76.68%；股份制企业有 52 家，占比 15.16%；其他企业有 10 家，占比 2.91%。在经销商营业收入方面，1000（含）万元以下的有 93 家，占比 27.11%；1000 万~1（含）亿元的有 214 家，占比 62.39%；1 亿元以上的有 36 家，占比 10.50%。在经销商员工人数方面，30（含）人以下的有 130 家，占比 37.90%；30~300（含）人的有 187 家，占比 54.52%；300 人以上的有 26 家，占比 7.58%。此外，问卷的填写者的工作年限在 5（含）年以下的有 122 人，占比 35.57%；在 5~10（含）年的有 143 人，占比 41.69%；10 年以上的有 78 人，占比 22.74%。

4.2 变量测量

本研究涉及角色外利他行为、合作效率、合作公平、合同治理、关系治理几个变量，这些变量对应的量表内容都是以往研究中已被验证过的。其中有涉及英文量表的，我们根据本文的研究情境，做了必要的修改，但保留了原意。本文使用的是李克特五级量表（1＝"极不同意"，5＝"极为同意"）。角色外利他行为测量源于 Wuyts（2007），准备了 4 个题项；合作效率测量源于 Geyskens 和 Steenkamp（2000），准备了 4 个题项；合作公平测量源于 Kumar 等（1995），准备了 4 个题项；合同治理测量源于 Zhou 和 Poppo（2010），准备了 3 个题项；关系治理测量源于 Zaheer 等（1998），准备了 4 个题项；具体见表 2。此外，数据分析时，我们对入职年限、员工数量、营业收入、资产规模等变量进行了控制。

表 2   变量测量题项及相关指标

测量变量	题 项 内 容	因子载荷
角色外利他行为 α = 0.905 AVE = 0.706 CR = 0.905	1. 虽然对方没有要求，但我们会经常做些对该供应商和我们的合作关系有益的工作	0.801
	2. 我们所承担的责任和投入水平都远远超出该供应商的最低要求	0.859
	3. 即使在对方没有正式要求的情况下，我们也会主动自愿地投入更多努力以提高该供应商的销售业绩	0.871
	4. 当我们能为该供应商提供帮助时，我们所做的往往超出他们的预期	0.827
合作效率 α = 0.923 AVE = 0.759 CR = 0.926	1. 我们对该供应商感到满意	0.874
	2. 我们对该供应商为我们做的贡献感到满意	0.937
	3. 我们与该供应商合作愉快	0.874
	4. 如果再做一次选择，我们还会选择与该供应商合作	0.795
合作公平 α = 0.919 AVE = 0.742 CR = 0.920	1. 与我们对该供应商产品经销的投入相比，我们得到的回报是合理的	0.829
	2. 与我们对该供应商做出的贡献相比，我们得到的回报是合理的	0.915
	3. 与该供应商分派给我们承担的责任相比，我们得到的回报是合理的	0.876
	4. 与该供应商的其他经销商相比，我们得到的回报是合理的	0.824
合同详尽性 α = 0.916 AVE = 0.797 CR = 0.922	1. 我们和该供应商签订的协议中有具体、详细的交易条款	0.832
	2. 我们和该供应商的协议中详细规定双方的责任	0.920
	3. 我们和该供应商的协议中详细规定双方的权利	0.923
信任水平 α = 0.905 AVE = 0.713 CR = 0.909	1. 相互信任是我们和该供应商关系的一个重要特征	0.816
	2. 我们相信该供应商会恪守承诺	0.866
	3. 我们相信该供应商提供的信息是真实的	0.871
	4. 我们相信该供应商言行一致	0.823

注：李克特量表，赋值从 1 = "极不同意" 至 5 = "极为同意"。

4.3　信度和效度检验

信度方面，本研究进行了探测性因子分析（EFA），根据结果，所有变量的 α 值均高于 0.9；在进行验证性因子分析（CFA）时，我们发现，本研究所涉变量平均方差抽取量（AVE）均高于 0.7，并且组合信度（CR）显示均高于 0.9，具体数据如表 2 所示。这些数据说明，本研究所涉变量的测量结果信度较高。

效度方面，一方面，如前所述，本研究所涉的测量题项已被实证检验过；另一方面，各变量的内涵与对应测量题项的内容一致，同时，我们对各变量均设置了多个题项以涵盖其内涵。综上，本研究测量结果表面效度和内容效度较高。

此外，本研究的验证性因子分析（CFA）结果显示，数据模型的拟合度较高。同时，各题项的因子载荷均在 0.001 水平之上显著（详见表 2）。同时，各个变量的平均方差抽取量（AVE）高于 0.5，所有变量对应题项收敛效度都较高。

最后，我们计算了每个变量的均值、标准差和它们的相关系数（即对角线下方数据）以及变量平均方差抽取量（AVE）的平方根（即对角线上数据）。5 个变量 AVE 的平方根高于各个变量和其他变量之间相关系数最大绝对值（详见表 3），这表明各个变量之间有较高的判别效度。

表 3 　　　　　　　　　　变量的平均值、标准差及变量之间的相关系数

变量	1	2	3	4	5
1. 角色外利他行为（EAB）	0.840				
2. 合作效率（EF）	0.417***	0.871			
3. 合作公平（EQ）	0.389**	0.563***	0.861		
4. 合同治理（Contract）	0.250**	0.216*	0.357**	0.893	
5. 关系治理（Trust）	0.428***	0.459***	0.503***	0.400***	0.844
均值	5.176	0.950	5.169	5.737	5.461
标准差	0.061	0.053	0.054	0.090	0.056

注：对角线数字为各变量平均方差抽取量（AVE）的平方根；* 表示 $p<0.05$，** 表示 $p<0.01$，*** 表示 $p<0.001$（下同）。

4.4　共同方法偏差检验

我们在数据获取的过程中，说明了问卷仅供科学研究使用，并强调了问卷的匿名性和保密性，以此从来源上控制共同方法偏差。除此之外，为了判断我们的数据存在共同方法偏差的程度，本文采取 Harman 单因子检验法对数据进行检验。结果显示，未经旋转而得到 19 个因子，第一个因子解释变异量为 45.384%，未超过 50% 的临界值（Hair et al. , 1998）。因此，本文的共同方法偏差问题并不严重。

5. 研究结果分析

我们先对研究数据的共线性进行了诊断，结果显示：本研究所涉包括控制变量在内的所有变量，

VIF 值不高于 10，不存在严重的共线性。另外，鉴于本研究涉及调节变量，出于避免产生多重共线性的考虑，我们参照 Aliken 等（1991）的操作，对变量采取了中心化的操作，在生成了交互项之后，进一步对数据进行分析。随后，我们将合作效率（EF）作为因变量，以角色外利他行为（EAB）、合同治理（Contract）、关系治理（Trust）几个变量的交互项作为自变量，进行回归分析；然后，将合作公平（EQ）作为因变量，以角色外利他行为（EAB）、合同治理（Contract）、关系治理（Trust）几个变量的交互项作为自变量，进行回归分析，最终得出的具体分析结果见表 4。

表 4　　　　　　　　　　　回归分析模型及其结果：标准系数

	合作效率（EF）				合作公平（EQ）			
	模型 1		模型 2		模型 3		模型 4	
	系数	标准误	系数	标准误	系数	标准误	系数	标准误
角色外利他行为（EAB）	0.457***	0.048	0.330***	0.048	0.378***	0.049	0.283***	0.049
合同治理（Contract）			0.242***	0.034			0.031	0.035
关系治理（Trust）			0.294***	0.054			0.351***	0.056
EAB×Contract			0.237***	0.045			0.044	0.047
EAB×Trust			-0.031	0.051			0.222***	0.054
入职年限	-0.013	0.011	-0.008	0.010	0.048	0.011	0.046	0.010
员工数量	0.001	0.052	-0.097	0.048	0.156*	0.053	0.046	0.050
营业收入	0.028	0.045	0.080	0.041	0.012	0.046	0.066	0.043
资产规模	0.116	0.050	0.108	0.045	-0.026	0.051	-0.021	0.047
F	17.74***		20.75***		13.51***		15.99***	
R^2	0.231		0.394		0.186		0.333	

由表 4 可见，EAB 对 EF 的回归系数为 0.330（$p<0.001$），表明经销商角色外利他行为正向促进其与供应商之间的合作效率，数据结果验证了 H1；EAB 对 EQ 的回归系数为 0.283（$p<0.001$），表明经销商角色外利他行为正向促进其与供应商之间的合作公平，数据结果验证了 H2；此外，交互项 EAB×Contract 对 EF 回归系数 0.237（$p<0.001$），表明合同治理对经销商角色外利他行为与合作效率之间关系具有正向调节作用，数据结果验证了 H3；交互项 EAB×Trust 对 EQ 回归系数 0.222（$p<0.001$），表明关系治理对经销商角色外利他行为与合作公平之间关系具有正向调节作用，数据结果验证了 H4。此外，考虑到关系治理可能会对角色外利他行为产生影响，我们使用三阶段最小二乘法对假设进行检验（夏春玉等，2020），最终检验结果依然支持我们的结论。

为了通过直观的方式来描述合同治理强化经销商角色外利他行为对合作效率的正向影响，以及关系治理强化经销商角色外利他行为对合作公平的正向影响，我们参照 Aliken 等（1991）的方法，分别绘制了合同详尽性和信任的调节作用图（见图 2 和图 3），两条直线的斜率都为正。图 2 表明合同治理对经销商角色外利他行为促进其与供应商之间合作效率的调节是正向的，无论合同的详尽性是高是低；"低合同详尽性"直线的斜率小于"高合同详尽性"直线的斜率，表明合同治理强度可以强化经销商角色外利他行为促进其与供应商之间合作效率的正向调节作用。图 3 说明关系治理对经销商角色外利他行为促进其与供应商之间合作公平的调节是正向的，无论经销商和供应商之间信任度的高与低；"低信任度"直线的斜率小于"高信任度"直线的斜率，说明关系治理强度会强化经销商角色外利他行为促进其与供应商之间合作公平的正向调节作用。

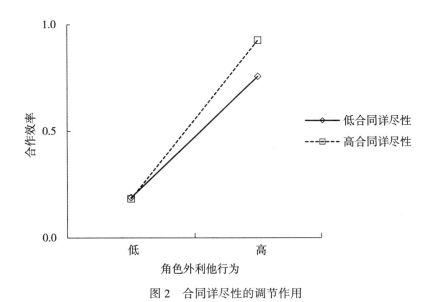

图 2　合同详尽性的调节作用

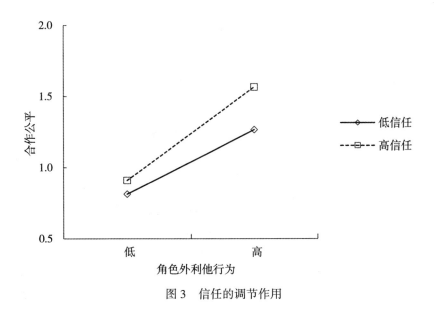

图 3　信任的调节作用

6. 研究结论和讨论

本研究将角色外利他行为和渠道行为治理理论的相关研究作为理论基础，通过专业机构收集有效数据，探讨了经销商角色外利他行为在促进其与供应商之间合作效率和合作公平中的影响，并检验了合同治理和关系治理的调节作用，提出了 4 个假设，分别得到数据分析结果的验证。据此，我们得到下述结论：经销商的角色外利他行为能够提高其与供应商之间的合作效率；经销商的角色外利他行为能够促进其与供应商之间的合作公平；相较于关系治理，合同治理会正向调节经销商角色外利他行为对其与供应商之间合作效率的正向影响；相较于合同治理，关系治理会正向调节经销商角色外利他行为对其与供应商之间合作公平的正向影响。

6.1　理论贡献

第一，本文探讨了经销商角色外利他行为影响的后果，不仅考虑了经济层面的效率问题，还考虑了非经济层面的公平问题，丰富了角色外利他行为的研究。过去关于角色外利他行为的研究大多更加关注其前因。譬如，Kim 等（2011）研究了情感型承诺、计算型承诺和规范型承诺作为中介变量的情况下，供应商的破坏性行为对角色外行为的影响；Zhou 和 Poppo（2010）研究了在组织间信任和制造商的关系投资等作为中介效应下，人际关系对经销商角色外利他行为的影响。我们可以看到，这些研究鲜有关注角色外利他行为的影响后果，即使有，这些研究也只考虑了经济层面的因素，譬如投机或绩效，而忽视了公平这一重要因素。在新时代中国经济高质量发展的背景下，企业必须兼顾经济性后果（效率）和非经济性后果（公平），超越把经济回报作为唯一目标的传统理念，这也是中国特色社会主义内在要求。因此，本文整合经济性后果和非经济性后果，同时考虑经销商角色外利他行为对这两个重要因素的影响，结果表明，经销商的角色外利他行为既能够提高其与供应商的合作效率，又能够促进其与供应商的合作公平。研究结论增强了学界对于角色外利他行为的理解。

第二，此前关于两种跨组织治理机制即合同治理和关系治理的研究，大部分是围绕探讨其前因、后果以及二者的替代或互补关系展开的。部分学者的研究关注了一些调节变量（如环境不确定性、法律环境、制度环境、交易专有资产、合作时长与关系类型等）对两种机制治理效力的影响。鲜有学者将它们当作调节变量探讨其边界机制。本文将渠道治理机制作为边界条件，探究其对于经销商角色外利他行为和效率以及公平之间关系的调节作用，证明了经销商角色外利他行为可以正向影响其与供应商之间的合作效率和合作公平。研究内容丰富了关于渠道治理的文献研究。

第三，本文发现，两种跨组织治理机制即合同治理和关系治理对角色外利他行为和结果变量之间影响关系具有差异化的调节作用，这进一步揭示了角色外利他行为影响效力的边界机制。两种不同的渠道治理机制相比较，合同治理促进经销商角色外利他行为对合作效率正向的影响，关系治理促进经销商角色外利他行为对合作公平正向的影响。因此，我们提出一个推论，角色外利他行为可能存在两种功能：一种是和合同治理相结合的"增益"功能，另一种是和关系治理相结合的"情感"功能。这一推论是否成立，还需要更多的实证研究予以佐证。

6.2 管理启示

在长期稳定的合作关系中，企业常常会做出角色外利他行为，尤其是在当前市场环境中不确定性因素不断出现，企业间交易往往会出现许多始料未及的情况时。探讨经销商角色外利他行为给渠道治理带来的影响，能够提供以下管理启示：

第一，从经销商角度来看，在遇到突发情况时，应当结合自身情况果断决策，进行角色外利他行为，这将有利于合作效率的提升，并为自己争取到更加公平的对待。经销商的角色外利他行为实际上是向供应商释放了一种善意的信号，表明经销商愿意与供应商维持和深入关系的态度。在这种情况下，供应商会基于互惠规范，或受到"投桃报李"理念的驱使，主动减少合作成本，提升合作效率；另外，会因为心存感激，或出于维护企业声誉的需要，并对未来的合作有良好的预期，而更加公平地对待经销商。总而言之，根据本文的研究结论，经销商角色外利他行为能够提高其与供应商合作效率，促进其与供应商合作公平，经销商应当积极对待，主动施为。

第二，从供应商的角度来看，面对经销商的角色外利他行为，应当积极予以回应，这有利于交易双方建立更加紧密、深入的合作关系，进而提高合作效率和合作公平。在回应的过程中，供应商要重视两种治理机制不同的调节作用，在进行渠道治理策略选择时，应当结合企业自身需求与条件，决定采用多少合同治理或关系治理的成分。合同治理能够促进经销商角色外利他行为对合作效率的正向影响，因此，供应商想要侧重提升渠道效率，应当增强合同治理；关系治理能够促进经销商角色外利他行为对合作公平的正向影响，因此，供应商想要侧重提高经销商的公平感受，应当增强关系治理。

6.3 研究的不足与未来的研究方向

第一，本研究从经销商一边收集数据，得出的研究结果仅能体现经销商一边的感知情况，是否可以代表供应商一边的感知状况则未知。因此，将来类似的研究应当从供应商和经销商同时采集数据，获取双边合作和互动的实际情况。

第二，本文只探讨了合同治理和关系治理两个调节因素，未考虑其他调节因素的影响，譬如网络嵌入治理和人际关系等。未来可以考虑将其他变量纳入研究模型。

第三，本文的研究情境中，只考虑了效率和公平两个结果变量，具体来说，就是经销商对合作关系的正面态度和满意度评价以及经销商的公平感受。如果改变结果变量，譬如，以渠道投机行为作为结果变量，又将得到什么样的研究结果呢？这是未来值得关注的研究课题。

◎ **参考文献**

[1] 董维维，孙骏，庄贵军．考虑冲突和信任中介作用的破坏性行为对渠道合作的影响研究［J］.

管理学报，2016，13（5）.

[2] 董维维，庄贵军，周南，郭茹. 破坏性行为对渠道合作和绩效的影响：治理机制的权变作用 [J]. 华东经济管理，2016，30（1）.

[3] 丰超，庄贵军，张闯，李汝琦. 网络结构嵌入、关系型渠道治理与渠道关系质量 [J]. 管理学报，2018，15（10）.

[4] 丰超，庄贵军，李思涵，卢亭宇. IT 能力、网络交互策略与合作绩效——基于 RBV 理论的实证研究 [J]. 系统工程理论与实践，2019，39（11）.

[5] 丰超，庄贵军，陈慧，卢亭宇. 经销商"抱团"如何改变渠道中的合同治理 [J]. 南开管理评论，2019，22（2）.

[6] 李洪雷. 论以人民为中心立法的理论逻辑与实践意蕴 [J]. 北京大学学报（哲学社会科学版），2023，60（3）.

[7] 卢亭宇，庄贵军，丰超，李汝琦. 网络交互策略如何提高企业的跨组织治理效力？——TTF 匹配效应检验 [J]. 管理世界，2020，36（9）.

[8] 林艺馨，张慧瑾. 合同治理、关系治理对合作行为的影响研究 [J]. 建筑经济，2020，41（S2）.

[9] 李瑶，刘益，张钰. 治理机制选择与创新绩效——交易持续时间的调节作用实证研究 [J]. 华东经济管理，2014，28（1）.

[10] 孙淑文，王勇，周筱莲. 中国家电行业经销商角色外利他行为对其经济绩效的影响研究——基于海尔集团分销商调研数据的实证分析 [J]. 统计与信息论坛，2020，35（12）.

[11] 王勇，庄贵军，杨乃定，孙淑文. 营销渠道中治理机制与跨组织人际关系对角色外利他行为的影响 [J]. 管理学报，2019，16（9）.

[12] 王勇，周筱莲，张涛，刘周平. 营销渠道中依赖、公平与角色外利他行为 [J]. 商业经济与管理，2016（7）.

[13] 王勇，庄贵军，张闯，刘周平. 营销渠道中的合同治理、公平与角色外利他行为 [J]. 中国管理科学，2018，26（6）.

[14] 夏春玉，张志坤，张闯. 私人关系对投机行为的抑制作用何时更有效？——传统文化与市场经济双重伦理格局视角的研究 [J]. 管理世界，2020，36（1）.

[15] 张闯，周晶，杜楠. 合同治理、信任与经销商角色外利他行为：渠道关系柔性与团结性规范的调节作用 [J]. 商业经济与管理，2016（7）.

[16] 庄贵军，李汝琦，丰超，卢亭宇. IT 能力、渠道治理与企业间协作 [J]. 系统管理学报，2019，28（3）.

[17] Aiken, L. S., West, S. G., Reno, R. R. Multiple regression：Testing and interpreting interactions [M]. Sage, 1991.

[18] Bai, X., Sheng, S., Li, J. J. Governance mechanism alignment at the top and operating levels of alliance hierarchy：Reconciling two competing schools of thought [J]. European Journal of Marketing, 2021, 55（7）.

[19] Cropanzano, R., Mitchell M. S. Social exchange theory：An interdisciplinary review [J]. Journal of

Management, 2005, 31 (6).

[20] Das, T. K. , Teng, B. Between trust and control: Developing confidence in partner cooperation in alliances [J]. Academy of Management Review, 1998, 23 (3).

[21] Gouldner, A. W. The norm of reciprocity: A preliminary statement [J]. American Sociological Review, 1960, 25 (2).

[22] Greenberg, J. The social side of fairness: Interpersonal and informational classes of organizational justice [M]. NJ: Erlbaum, Hillsdale, 1993.

[23] Geyskens, I. , Steenkamp, J. B. E. , Kumar, N. Generalizations about trust in marketing channel relationships using meta-analysis [J]. International Journal of Research in Marketing, 1998, 15 (3).

[24] Geyskens, I. , Steenkamp, J. B. E. Economic and social satisfaction: Measurement and relevance to marketing channel relationships [J]. Journal of Retailing, 2000, 76 (1).

[25] Heide, J. B. Interorganizational governance in marketing channels [J]. Journal of Marketing, 1994, 58 (1).

[26] Huang, M. C. , Cheng, H. L. , Tseng, C. Y. Reexamining the direct and interactive effects of governance mechanisms upon buyer-supplier cooperative performance [J]. Industrial Marketing Management, 2014, 43 (4).

[27] Hair, J. F. , Tatham, R. L. , Anderson, R. E. , et al. Multivariate data analysis, 5/E [M]. Prentice Hall, 1998.

[28] Kim, S. K. , Hibbard, J. D. , Swain, S. D. Commitment in marking channels: Mitigator or aggravator of the effects of destructive acts? [J]. Journal of Retailing, 2011, 87 (4).

[29] Kashyap, V. , Antia, K. D. , Frazier, G. L. Contracts, extracontractual incentives, and ex post behavior in franchise channel relationships [J]. Journal of Marketing Research, 2012, 49 (2).

[30] Kumar, N. , Scheer, L. K. , Steenkamp, J. B. E. M. The effects of supplier fairness on vulnerable resellers [J]. Journal of Marketing Research, 1995, 32 (1).

[31] Ling-yee, L. Encouraging extra-role behavior in a channel context: The role of economic-, social-, and justice-based sharedness mechanisms [J]. Industrial Marketing Management, 2010, 39 (2).

[32] Lusch, R. F. , Brown J R. Interdependency, contracting, and relational behavior in marketing channels [J]. Journal of Marketing, 1996, 60 (4).

[33] Liu, Y. , Luo, Y. , Liu, T. Governing buyer-supplier relationships through transactional and relational mechanisms: Evidence from China [J]. Journal of Operations Management, 2009, 27 (4).

[34] Poppy, L. , Zenger, T. Do formal contracts and relational governance function as substitutes or complements [J]. Strategic Management Journal, 2002, 23 (8).

[35] Poppo, L. , Zhou, K. Z. Managing contracts for fairness in buyer-supplier exchanges [J]. Strategic Management Journal, 2014, 35 (10).

[36] Wuyts, S. Extra-role behavior in buyer-supplier relationships [J]. International Journal of Research in Marketing, 2007, 24 (4).

［37］ Wang, Y. , Chen, Y. , Fu, Y. , Zhang, W. Do prior interactions breed cooperation in construction projects? The mediating role of contracts ［J］. International Journal of Project Management, 2017, 35 （4）.

［38］ Zhou, J. , Zhang, C. , Shen, L. , Zhou, K. Z. Interpersonal guanxi and partner extra-role behavior: Mediating role of relational and transactional governance strategy ［J］. Industrial Marketing Management, 2020, 91.

［39］ Zhou, K. Z. , Poppo, L. Exchange hazards, relational reliability, and contracts in China: The contingent role of legal enforceability ［J］. Journal of International Business Studies, 2010, 41 （5）.

［40］ Zaheer, A. , Venkatraman, N. Relational governance as an interorganizational strategy: An empirical test of the role of trust in economic exchange ［J］. Strategic Management Journal, 1995, 16.

［41］ Zaheer, A. , Mceyily, B. , Perrone, V. Does trust matter? Exploring the effects of interorganizational and interpersonal trust on performance ［J］. Organization Science, 1998, 9 （2）.

The Impact of Extra-role Altruistic Behavior on Efficiency and Justice: The Moderating Role of Channel Governance

Li Xuecheng[1]   Feng Chao[1]   Chen Hui[2]   Zhuang Guijun[3]

（1   College of Economics and Management, Nanjing University of Aeronautics and Astronautics, Nanjing, 211106;

2   Ginling College, Nanjing Normal University, Nanjing, 210024;

3   School of Management, Xi'an Jiaotong University, Xi'an, 710049）

Abstract: Based on related researches such as extra-role altruistic behavior and channel behavior governance theory, this paper studies the influence of dealers' extra-role altruistic behavior on the efficiency and fairness of channel governance, and examines the moderating role of contract governance and relationship governance. Taking the cooperative relationship between suppliers and distributors as the research situation, 343 valid data were collected from the perspective of distributors, and statistical methods were applied to analyze the data and test the hypothesis. The research results show that: firstly, dealers' extra-role altruistic behavior can promote the cooperation efficiency and cooperation fairness between them and suppliers. Secondly, compared with relationship governance, contract governance will strengthen the dealers' extra-role altruistic behavior on cooperation efficiency. Thirdly, compared with contract governance, relationship governance will strengthen the impact of dealers' extra-role altruism on cooperation fairness. Finally, the research results are discussed in terms of theoretical contributions, implications for practical applications, research deficiencies, and future research directions.

Key words: Extra-role altruistic behavior; Efficiency; Justice; Contract governance; Relationship governance

专业主编：寿志钢

附录

角色外利他行为文献汇总

文　　献	前因变量	中介变量	结果变量	调节变量	研　究　结　论
Stefan Wuyts（2007）	合作氛围；多重采购策略；转换成本；角色规范化	角色外利他行为	盈利能力的关系	伙伴资格；环境的不可预测性	合作氛围、多重采购策略、供应商的转换成本、角色的规范化对供应商的角色外利他行为有正向影响；供应商的角色外利他行为对经销商的盈利能力关系有正向影响
Li Ling-yee（2010）	契约的包容性；关系的信任度；决策程序的公平性	角色外行为	渠道关系绩效	知识共享；自愿合作策略执行	代理人的角色外行为对出口渠道关系绩效有正向影响；契约的包容性、关系的信任度、决策程序的公平性对其角色外行为有正向影响
Stephen K. Kim, Jonathan D. Hibbard, Swain Scott（2011）	供应商的破坏性行为	情感型承诺；计算型承诺；规范型承诺	角色外行为	投资意愿；开发替代方案	经销商的情感型承诺会产生角色外行为，计算型承诺会破坏角色外行为；供应商的破坏性行为发生后，计算型承诺会诱发积极的角色外行为
Vishal Kashyap, Kersi D. Antia, Gary L. Frazier（2012）	共享价值观		角色外行为		共享价值观有利于增加角色外利他行为
C. Fred Miao, Guangping Wang（2016）	工作—家庭矛盾；家庭—工作矛盾	工作压力	角色内行为；角色外行为；不道德行为	专业控制；自我控制	专业控制加强家庭—工作矛盾对角色外行为的负面作用；自我控制加强压力对角色外行为的积极作用，减弱家庭—工作矛盾对角色外行为的负面作用
Yu Wang, Yongqiang Chen, Yongcheng Fu, Wenjing Zhang（2017）	事先互动	合同控制；合同协调；合同适应	角色内行为；角色外行为		事先互动、合同协调和合同适应对承包商角色外行为能产生积极影响；合同控制和合同协调对事先互动与承包商角色外行为之间的关系可以产生调节作用
Jing Zhou, Chuang Zhang, Lu Shen, Kevin Zheng Zhou（2020）	人际关系	组织间的信任；供应商的关系投资	角色外利他行为	企业所有权的同质化；专用性投资；关系治理	企业所有权同质化、信任和专用性投资调节人际关系与角色外利他行为的关系
王勇、周筱莲、张涛、刘周平（2016）	经销商依赖；经销商分配公平和程序公平		角色外利他行为	依赖	依赖、公平正向调节经销商角色外利他行为；依赖调节分配公平与角色外利他行为之间关系，以及程序公平与角色外利他行为之间关系

续表

文 献	前因变量	中介变量	结果变量	调节变量	研 究 结 论
王勇、庄贵军、沈璐（2016）	合同详尽性	信任（经销商）；投机（供应商）	角色外利他行为		合同详尽性正向影响角色外利他行为；信任、投机对合同详尽性与角色外利他行为之间关系有部分中介效应
张闯、周晶、杜楠（2016）	合同治理；信任	角色外利他行为	经销商绩效	柔性规范；团结性规范	合同治理促进角色外利他行为，柔性规范对其有正向调节作用；信任正向影响角色外利他行为，团结性规范对其有正向调节作用；角色外利他行为促进经销商绩效
王勇、庄贵军、张闯、刘周平（2018）	合同治理（合同详尽性与合同监督）	渠道公平（分配公平与程序公平）	角色外利他行为	依赖	公平对角色外利他行为存在正向作用；依赖正向调节分配公平同角色外利他行为之间关系，负向调节程序公平同角色外利他行为之间关系
宋锋森、陈洁（2019）	供应商声誉	组织间信任	角色外利他行为		供应商声誉正向影响分销商角色外利他行为；信任对供应商声誉影响分销商角色外利他行为的过程有中介作用
王勇、庄贵军、杨乃定、孙淑文（2019）	合同治理；关系治理；跨组织人际关系		角色外利他行为	跨组织人际关系	合同详尽性与角色外利他行为之间关系呈倒 U 形；信任、跨组织人际关系正向影响角色外利他行为；合同详尽性、信任对角色外利他行为的影响存在替代关系；跨组织人际关系可以负向调节合同详尽性与角色外利他行为之间关系
张闯、殷丹丹（2019）	专用资产投资；人情		角色外利他行为	人情	专用资产投资和人情可以正向影响角色外利他行为；人情对专用资产投资与角色外利他行为之间的关系有负向调节作用
宋锋森、陈洁（2020）	供应商声誉	合同治理	经销商角色外利他行为		供应商声誉正向影响角色外利他行为；合同治理负向调节分销能力声誉与角色外利他行为之间关系，负向调节创新能力声誉与角色外利他行为之间关系，正向调节公平交易声誉与角色外利他行为之间关系
孙淑文、王勇、周筱莲（2020）	经销商角色外利他行为	投机行为；交易专有资产投入	经济绩效		角色外利他行为通过促进交易专有资产投入、减少投机行为提高绩效；投机行为、交易专有资产投入在角色外利他行为与绩效的正向影响关系中有中介效应

弱势品牌劣势者广告诉求策略的作用机制研究*

● 晋向东[1,2] 范秀成[1] 孔繁昌[3] 宋文豪[4]

（1 复旦大学管理学院 上海 200433；2 华中师范大学经济与工商管理学院 武汉 430079；
3 华中师范大学心理学院 武汉 430079；4 上海海事大学经济管理学院 上海 200135）

【摘 要】本研究考察广告竞争情境下弱势品牌劣势者广告诉求策略的效果及作用机制，研究引入强弱品牌广告竞争强度作为调节变量，引入广告同理心感知、消费者行动主义作为中介变量。研究结果表明，面对强势品牌的广告竞争，弱势品牌采用劣势者广告诉求策略效果要好于非劣势者广告诉求策略。随着竞争强度的提高，消费者对采用劣势者广告诉求策略的弱势品牌的购买意向不断提高，竞争强度对于劣势者定位具有调节作用，消费者广告同理心感知、消费者行动主义对劣势者广告诉求效果具有连续中介作用。研究丰富了劣势者效应理论，具有较大的理论价值和实践价值。

【关键词】劣势者效应 劣势者广告诉求 广告同理心感知 消费者行动主义

中图分类号：F713 文献标识码：A

1. 引言

人们在日常生活中会选购各种商品，一般会选择品牌知名度高、影响力大的名牌产品，因为那象征着"高端、大气、上档次"，可以彰显不凡的尊贵地位，反映独特的品位和追求（Agrawal & Maheswaran，2005）。根据高成本符号理论观点，个体之所以选择名牌产品，主要是为了彰显那些不能被他人轻易观察到的信息（崔宏静等，2016），比如声望和地位（Sivanathan & Pettit，2010）。但是，试想一下，在旅游景点的门口，那些向你推销土特产的孩子和老人，也许他们的产品没有任何品牌，甚至都不是你所需要的，但是你依然会停留自己的脚步进行购买，仅仅是出于对弱者的同情。

---

* 基金项目：国家自然科学基金面上项目"强势品牌广告竞争的溢出效应及弱势品牌应对方式研究"（项目批准号：71972082）；国家自然科学基金重点项目"转型升级背景下消费者幸福感形成机理与提升策略研究——基于享乐论与实现论平衡视角"（项目批准号：71832002）；中国博士后科学基金特别资助项目"强势品牌广告竞争溢出效应的理论体系构建"（项目号：2021T1045）。

通讯作者：范秀成，E-mail：xcfan@fudan.edu.cn。

日常生活中有很多消费者支持小品牌的例子（钟科等，2014），这里涉及一个有趣的问题，就是消费过程中的示弱营销或劣势者效应（underdog effect）（Han et al.，2021）。

大量证据表明，在政治选举、体育比赛和商业活动等领域，人们更倾向于支持处于不利地位的弱者（Schmidt & Steenkamp，2022）。Paharia 等（2011）研究发现，消费者对竞争中处于不利地位、先天资源不足却非常努力的品牌评价更高，这是劣势者效应在品牌选择中的体现。由于日常生活中强势品牌和弱势品牌广告竞争是非常普遍的现象，本研究将研究情境设置为强势品牌和弱势品牌广告竞争，其中强势品牌采用优胜者广告诉求策略，弱势品牌采用劣势者广告诉求策略。由于不同竞争强度下的劣势者广告诉求效果可能具有差异，本研究将探讨竞争强度对于劣势者广告诉求策略的调节作用，以及广告同理心感知、消费者行动主义对劣势者广告诉求策略的连续中介机制。本研究有利于揭示强弱品牌广告竞争情境下，弱势品牌劣势者广告诉求策略的效果和作用机制，对于丰富理论和指导实践具有重要价值。本研究由三个实验构成，实验一考察面对强势品牌优胜者广告诉求策略，弱势品牌采用劣势者广告诉求策略的效果；实验二探讨广告竞争强度对劣势者广告诉求策略的调节作用；实验三引入广告同理心感知、消费者行动主义探讨劣势者广告诉求策略的中介机制。本研究在劣势者效应研究中首次引入广告竞争情境，首次将竞争强度和消费者行动主义引入劣势者效应研究，对于丰富品牌战略理论和广告效果理论有较大贡献。

2. 理论基础与研究假设

2.1 劣势者效应

Simon（1954）指出人们倾向于支持那些面对强大竞争对手，获胜的可能性不高，但是依然坚持努力，不言放弃的个体，这种现象被称为劣势者效应。人们支持弱者具有充分理由，几乎所有人的成长过程都经历过各种斗争，都有各种无能为力的无助时刻，出于成长经验，人们很容易认识、识别和同情劣势者的艰难处境。人们对弱者的支持与同情还有其他各种解释：支持弱者不同寻常，这样做可以满足人们的独特性需求（Tian et al.，2001）；支持弱者可看作对公平正义的维护，可以满足人们对公平正义的需要（Folger & Kass，2000）；人们看到弱势者不断走向成功，也梦想自己在困难情境下同样取得成功；劣势者走向成功的故事，更加感人、更加具有戏剧性。

为了更好地赢得消费者，很多企业有意识地对品牌进行定位。根据品牌不同的定位诉求，可以分为优势品牌定位诉求和劣势品牌定位诉求（Paharia et al.，2011）。前者一般会描述品牌顺利起步、占有优势资源、快速发展壮大的历史。后者一般会讲述品牌艰难的创业过程、外部资源的匮乏以及品牌坚强的意志和努力，劣势定位诉求的本质是突出品牌在精神和意志方面的强大。人们普遍认为优势者拥有丰富的资源，并且拥有获胜的希望；而劣势者则处于不利地位并且有很大的可能会失败，但是富有激情和决心克服困难（Paharia et al.，2011）。区分优势者和劣势者的两个维度是外部劣势以及激情与决心（Nagar，2019）。

2.2 竞争情境下弱势品牌劣势者广告诉求的有效性

Paharia 等（2011）研究发现，人们更倾向于支持弱势品牌，突出大型连锁超市和小型便利店的空间临近性和规模差异，对小型便利店的销售具有促进作用，可见在强弱对比明显的情况下，消费者倾向于支持弱势的一方。Paharia 等（2011）指出，劣势者处于不利地位并且有很大的可能会失败，但是富有激情和决心克服困难，劣势者效应的前提是弱势者面对的外部劣势以及内在的激情与决心。劣势者广告诉求（underdog positioning advertising）是指通过广告将品牌定位为资源匮乏、竞争中处于不利地位但是充满激情、坚持努力的品牌（Jun et al.，2015）。优胜者广告诉求（top dog positioning advertising）指通过广告将自身定位为市场领导者，具有丰富的资源优势，占据庞大市场份额，对竞争者具有绝对优势。根据以往研究结论推测，弱势品牌采用非劣势者广告诉求策略，仅仅突出自身的弱势地位，不突出自身的激情与决心，劣势者效应难以产生，消费者对弱势品牌的品牌认同和购买意向不会得到显著提高，而采用劣势者广告诉求，突出自身劣势地位和主观的激情与决心可以起到积极作用。根据上述研究推论，本研究提出下列研究假设：

H1：在强弱品牌广告竞争的情境下，面对强势品牌采用优胜者广告诉求，弱势品牌采用劣势者（vs. 非劣势者）广告诉求，会引发消费者对弱势品牌更强的购买意向。

2.3 竞争强度对劣势者广告诉求策略的调节作用

Paharia 等（2014）研究发现，当具有市场主导地位的大品牌与处于劣势地位的小品牌进行竞争，突出竞争的环境和情境有利于小品牌，在竞争情境下突出大品牌庞大的规模和地理位置的优势，消费者会对小品牌表现出更多的支持和帮助。Goldschmied（2005）研究发现，当劣势者的窘迫处境是由资源匮乏而非努力不够造成的时，被试会基于公平动机支持劣势者。Michniewicz 和 Vandello（2013）研究发现，相对于处于公平竞争环境的优胜者，处于不公平竞争环境的劣势者会得到人们更高的评价，这说明公平需求驱使人们支持劣势者。可见，环境的公平性是劣势者效应能否产生的关键因素。在强弱品牌广告竞争的情境下，竞争强度高，对弱势品牌而言更加不公平，消费者可能更容易感受到强势品牌以强凌弱，进而引发消费者对弱势品牌的高度评价。根据上述推论，本研究提出以下研究假设：

H2：弱势品牌劣势者（vs. 非劣势者）广告诉求对购买意向的影响，会随着强弱品牌竞争强度的提高而提高。

2.4 广告同理心感知和消费者行动主义的连续中介作用

McGinnis 和 Gentry（2009）研究发现，无论地位高低或教育程度如何，大部分人倾向于认为自己处于弱势地位，是在艰苦的环境中经过坚韧不拔的努力而取得成功，而不是依靠先天的资源优势

（杨晨等，2013）。Paharia 等（2014）研究发现消费者出于身份认同等原因更偏好弱势品牌，当品牌描述自己为劣势者时，消费者更容易产生品牌认同，消费者将自己评价为劣势者的倾向越强，劣势者效应就越强。在行业竞争中，弱势品牌和强势品牌相比，在资金、技术等方面都不平等，弱势品牌资金较少，缺乏行业知识和经验（Baron et al.，2018），还经常受到资源壁垒限制，难以获得宝贵资源（Arli & Anandya，2018）。Vandello 等（2007）研究发现人们厌恶不公平的环境，他们通过对弱者的支持来表达对公平环境的渴望。Sandıkcı 和 Ekici（2009）研究发现，人们会通过支持和反对某个产品来表达自己的价值观念和意识形态，这种支持和抵制成为表达政治观点的有效途径。Goldschmied（2005）研究发现消费者会通过自己的购买行为在市场上表达对品牌的支持，当消费者面临产品市场的竞争情境时，他们考虑的不仅仅是产品的性能，有时考虑更多的是应该支持哪个品牌，以及购买选择是否可以改变品牌的处境。广告同理心感知是指消费者在观看广告的时候能够完全沉浸在广告设定的情境中（Sandıkcı & Ekici，2009）。本研究在劣势者效应研究中首次引入了广告同理心感知这一概念，考察消费者对弱势品牌劣势者广告诉求的中介作用，更加符合广告竞争的情境，也具有更好的信度和效度。消费者行动主义（consumer activism）是指消费者通过购买行为表达自身对某个品牌的支持，通过购买行为起到表达个人信念和改变市场规则的作用。消费者行动主义是消费者内心情绪和态度的体现，消费者会出于打抱不平的心理表现出消费者行动主义，通过对市场上某些产品的购买和抵制来表达自身的观点（Sahin & Nasir，2022）。根据上述推论，提出下列研究假设：

H3：在弱势品牌劣势者（vs. 非劣势者）广告诉求对购买意向的影响过程中，消费者对弱势品牌的广告同理心感知和消费者行动主义起着连续中介作用。

弱势品牌劣势者广告诉求策略作用机制模型见图 1。

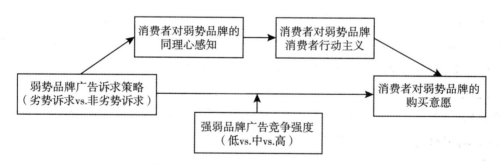

图 1　弱势品牌劣势者广告诉求策略作用机制模型

3. 实验 1：劣势者广告诉求策略的有效性研究

实验 1 的目的是检验在强势品牌采用优胜者广告诉求策略的情况下，弱势品牌采用劣势者广告诉求策略的有效性，研究通过制作虚拟品牌的广告文案来实现品牌地位和劣势者诉求的操作。

3.1 实验设计

以往研究发现，同行业两个品牌的广告联合播放可以作为操作广告竞争的手段，本实验也采用将强势品牌广告和弱势品牌广告同时向被试呈现的方式操作广告竞争的情境（晋向东等，2018）。本实验制作了控制组、实验组两组广告实验材料，每组实验材料都包括强势品牌和弱势品牌两个品牌的广告文案，实验组的广告文案包括强势品牌优胜者广告诉求和弱势品牌劣势者广告诉求（强调不利地位，强调激情与决心），控制组的广告文案包括强势品牌优胜者广告诉求和弱势品牌非劣势者广告诉求（强调不利地位，不强调激情与决心）。实验材料由文字构成，避免图片等其他因素对实验效果的干扰作用（Michniewicz & Vandello，2013）。根据 INTERBRAND 品牌价值评估法撰写品牌广告文案，同时，根据 Nagar（2019）的劣势者定位操作方法操作劣势者广告诉求。

招募 30 名大学生，让他们对关注度较高的商品品类进行选择，这些商品包括电脑、手机、服装、化妆品、厨房用品等，最后发现电脑是大学生关注度最高、应用最广泛的商品品类，为了提高实验信度和效度，本研究选择电脑作为实验品类。本研究设计了虚拟电脑品牌"蓝顿"和"瑞科"，这两个品牌名称和真实品牌没有任何关联，可以排除品牌偏好的影响。具体的实验材料如下：

控制组实验材料（强势品牌采用优胜者广告诉求，弱势品牌采用非劣势者广告诉求）：

蓝顿电脑是世界知名的笔记本电脑品牌，从品牌起步开始就占据了各种优势资源，可谓天时地利人和。长期以来，该品牌电脑畅销世界各国，在消费者群体中享有非常好的口碑。蓝顿一直牢牢控制着全球笔记本电脑市场的最大份额。随着笔记本电脑进入行业成熟期，该市场的竞争日益激烈。但是，蓝顿电脑的市场领导地位从来没有真正受到威胁。随着对产品研发的持续投入，蓝顿电脑在未来仍将保持行业领导地位。

瑞科电脑是国内一家规模较小的笔记本电脑生产商，目前，瑞科电脑开始在笔记本电脑市场上崭露头角，并拥有了一定的市场份额。然而目前市场势力仍然薄弱，影响力相对有限。随着笔记本电脑使用者的群体越来越大，该市场的竞争也日益激烈。瑞科必须加大投资，改进产品，才能扩大市场影响，获取更大的市场份额。

实验组实验材料（强势品牌采用优胜者广告诉求，与上述实验材料相同，弱势品牌采用劣势者广告诉求）：

瑞科电脑是国内一家规模较小的笔记本电脑生产商，瑞科电脑起步阶段完全不占有任何资源优势，瑞科的成长依赖于自身的强大意志和不屈不挠的奋斗精神。经过一段时间的努力，瑞科电脑开始在笔记本电脑市场崭露头角，并拥有了一定的市场份额。然而，瑞科电脑目前市场势力仍然薄弱，影响力相对有限。随着笔记本电脑进入行业成熟期，该市场的竞争也日益激烈。瑞科必须加大投资，改进产品，才能扩大市场影响，获取更大的市场份额。

3.2 研究被试和流程

被试是来自中部某大学的本科生，共 76 名，其中男生 26 名，女生 50 名。平均年龄为 22.1 岁

（SD = 1.848）。告知被试参与电脑广告调查，点击链接后，被试被随机分入实验组和控制组。要求被试观看对应的广告材料，在广告材料前后分别插入无关的广告文字材料，这些材料是与实验品类无关的婴儿奶粉广告文案，考虑到被试的注意力有限，太多的广告文字会分散被试注意力，因此每组实验材料总字数控制在 800 字以内，实验时间控制在 5 分钟以内。实验材料播放完成后，被试需要回答相应的问题。共有 76 名被试参与答题，删除无效问卷后，剩余 70 份有效问卷。因变量为消费者对弱势品牌的购买意向，问卷采用 Paharia 等（2011）的量表，共有 4 个题目，Cronbach's α = 0.889，采用七分计分法，具体包括下列题项："根据广告，你想尝试瑞科品牌电脑吗？"（1 = 完全没有，7 = 非常想）、"如果你碰巧在商店看到瑞科品牌电脑，你会购买吗？""你会在商店积极寻找瑞科这个电脑品牌吗？""你有多大可能购买瑞科品牌电脑？"（1 = 不可能，7 = 很可能）。

3.3 数据分析与结果

将弱势品牌非劣势者广告诉求和劣势者广告诉求材料进行操作检验，有更多的被试评价劣势者广告诉求材料具有更大的外部劣势（83%，$p<0.001$）和更大的激情与决心（97%，$p<0.001$），与优胜者广告诉求材料存在显著差异。因此，劣势者广告诉求实验材料操作成功。数据分析采用 SPSS24.0 进行。采用独立样本 t 检验，比较劣势者诉求组和控制组在购买意向上的差异。结果显示，劣势者诉求组被试的弱势品牌购买意向得分（$M = 4.121$，SD = 1.049）显著高于控制组（$M = 3.450$，SD = 1.306），$p = 0.021$。

3.4 讨论

实验 1 的研究结论证实了假设 H1，在强势品牌采用优胜者广告诉求策略，强调品牌资源优势的情境下，弱势品牌采用劣势者广告诉求策略，突出自身虽然资源匮乏，但是具有强大意志和不屈不挠的奋斗精神，可以有效提高消费者对弱势品牌的购买意向，这说明面对强势品牌采用优胜者广告诉求策略，弱势品牌采用劣势者广告诉求策略比非劣势者广告诉求策略效果更好。

4. 实验 2：竞争强度对弱势品牌劣势者广告诉求的调节作用研究

实验 2 的目的是探讨竞争强度对弱势品牌劣势者广告诉求策略的调节作用。

4.1 实验设计

实验 2 采用单因素（竞争强度：低/中/高）的组间实验设计。以往研究发现，同行业两个品牌的广告联合播放可以作为操作广告竞争的手段。为了诱发不同的广告竞争强度，根据以往研究结论，本实验安排三组被试分别观看 1 遍、3 遍、5 遍的强弱品牌广告材料来操作广告竞争强度

（Michniewicz & Vandello，2013）。同实验 1，实验 2 使用"蓝顿""瑞科"两个虚拟电脑品牌的广告材料，其中弱势品牌广告采用劣势者广告诉求策略，强势品牌广告采用优胜者广告诉求策略。

4.2 研究被试和流程

在中部某大学开展被试招募，共招募 95 名被试参与研究，其中男生 32 名，女生 63 名，平均年龄为 20.780 岁（SD = 1.562），将被试随机分入三个不同的竞争强度组，引导被试观看广告材料。在广告材料前后分别插入无关的广告文字材料，这些材料是与实验品类无关的婴儿奶粉广告文案，考虑到被试的注意力有限，因此每组实验材料总字数控制在 800 字以内，实验时间控制在 10 分钟以内。观看完毕后，要求被试完成相应的问卷题目。获得有效问卷 90 份，问卷包括感知竞争量表、弱势品牌购买意向量表。感知竞争量表改编自 Tommaso 和 Samuele（2012）的量表，共 3 个题项，采用 7 点计分（1 = 非常不赞成，7 = 非常赞成），具体题项包括"我感受到了蓝顿电脑与瑞科电脑存在广告竞争行为""我认为蓝顿电脑与瑞科电脑存在广告竞争行为""我没有感受到蓝顿电脑与瑞科电脑存在广告竞争行为"（反向计分）（Cronbach's α = 0.854）。

4.3 数据分析与结果

数据分析采用 SPSS24.0 进行。首先采用单因素方差分析进行操作性检验，检验广告竞争水平是否操作成功。F 检验结果显示，不同组被试感知到的竞争强度差异显著，$F(2, 87) = 14.414$，$p < 0.001$，$\eta_p^2 = 0.249$。进一步的事后比较显示，广告重复播放 5 遍组的感知竞争水平（$M = 5.756$，SD = 1.038）显著高于重复 3 遍组（$M = 4.878$，SD = 0.992），$p = 0.004$。重复播放 3 遍组的感知竞争水平显著高于播放 1 遍组（$M = 4.156$，SD = 1.394），$p = 0.018$。

在广告竞争强度操作成功的基础上，本研究采用单因素方差分析，以竞争强度为自变量，弱势品牌购买意向为结果变量，检验广告竞争是否能促进弱势品牌劣势者广告诉求策略的效果。结果表明，不同竞争强度组被试的弱势品牌购买意向差异显著，$F(2, 87) = 11.148$，$p < 0.001$，$\eta_p^2 = 0.204$。进一步事后比较分析结果显示，高度广告竞争组被试的弱势品牌购买意向（$M = 4.925$，SD = 0.917）显著高于中度广告竞争组（$M = 4.342$，SD = 0.808），$p = 0.010$，中度广告竞争组被试的弱势品牌购买意向显著高于低度广告竞争组（$M = 3.875$，SD = 0.860），$p = 0.039$。

4.4 讨论

实验 2 验证了假设 H2，在强势品牌采用优胜者广告诉求策略，弱势品牌采用劣势者广告诉求策略的情境下，随着竞争强度的提高，消费者对弱势品牌的购买意向不断提高，竞争强度对于劣势者效应具有调节作用。据此可以推测，在强势品牌和弱势品牌广告竞争越激烈的情境下，弱势品牌更应该采用劣势者广告诉求策略，这样消费者对弱势品牌的购买意向越高。

5. 实验 3：劣势者广告诉求策略的中介机制研究

实验 3 的目的是在实验 2 的研究结论基础上探讨广告同理心、消费者行动主义的连续中介作用。

5.1 实验设计

实验 3 采用单因素（竞争强度：低/中/高）的组间实验设计。同实验 2，实验 3 使用强势和弱势两个虚拟的电脑品牌的广告文案，其中弱势品牌广告采用劣势者广告诉求策略，强势品牌广告采用优胜者广告诉求策略。实验材料同实验 2。

5.2 研究被试和流程

在中部某大学开展被试招募，共有 112 名被试参与研究，其中男生 36 名，女生 76 名，平均年龄为 21.912 岁（SD = 2.113）。将被试随机分入三个不同的竞争强度组，要求他们观看不同竞争强度的广告材料，观看完毕后，被试完成弱势品牌广告同理心感知、消费者行动主义和弱势品牌购买意向问卷，最后获得有效问卷 108 份。广告同理心感知量表改编自 Escalas 和 Stern（2003）的量表，包括五个题目，采用七点计分法（Cronbach's $\alpha = 0.931$），具体题目包括："当观看瑞科电脑广告的时候，我感受到广告中发生的故事正发生在我身上""当观看瑞科电脑广告的时候，我感到我就是广告中的某个角色""当观看瑞科电脑广告的时候，我感到广告中的事件正发生在我身上""当观看瑞科电脑广告的时候，我能够体验到广告人物所经历的内心感受""当观看瑞科电脑广告的时候，我感到广告人物的感受就是我自己的感受"。消费者行动主义量表来源于 Paharia 等（2014）的量表，包括五个题目，采用七点计分法（Cronbach's $\alpha = 0.869$），具体题目如下："对瑞科电脑的购买支持了我的信仰""对瑞科电脑的购买，是我以微薄之力改变了企业现状""对瑞科电脑的购买是由我的道德信念所驱动的，我出于打抱不平、维护公平的心理做出的购买决定""对瑞科电脑的购买体现了我关注公平、打抱不平的生活理想""对瑞科电脑的购买帮助我发表了一个我支持小品牌的声明"。感知竞争量表和购买意向量表同实验 2。

5.3 数据分析与结果

数据分析采用 SPSS24.0 进行，首先采用单因素方差分析进行操作性检验，检验实验操作是否引发被试感知到不同水平的广告竞争。F 检验结果显示，不同广告重复次数组被试感知到的竞争强度差异显著，$F(2, 105) = 18.264$，$p < 0.001$，$\eta_p^2 = 0.258$。在广告竞争操作成功的基础上，本研究采用单因素方差分析，以竞争强度为自变量，弱势品牌消费者行动主义、广告同理心感知和弱势品牌购买意向为结果变量，检验广告同理心感知、消费者行动主义的中介作用。结果如表 1 所示，不同竞争

强度组被试的弱势品牌广告同理心感知得分差异显著，$F(2, 105) = 8.469$，$p<0.01$，$\eta_p^2 = 0.139$。进一步事后比较分析结果显示，高度广告竞争组被试的弱势品牌广告同理心感知得分（$M = 4.728$，$SD = 1.027$）显著高于中度广告竞争组（$M = 4.256$，$SD = 0.953$），$p = 0.039$；中度广告竞争组被试的弱势品牌广告同理心感知得分显著高于低度广告竞争组（$M = 3.800$，$SD = 0.884$），$p = 0.046$。不同竞争强度组被试的消费者行动主义得分差异显著，$F(2, 105) = 10.011$，$p<0.01$，$\eta_p^2 = 0.160$。进一步事后比较分析结果显示，高度广告竞争组被试的消费者行动主义得分（$M = 4.678$，$SD = 0.993$）显著高于中度广告竞争组（$M = 4.211$，$SD = 0.891$），$p = 0.027$；中度广告竞争组被试的消费者行动主义得分显著高于低度广告竞争组（$M = 3.744$，$SD = 0.755$），$p = 0.026$。不同竞争强度组被试的弱势品牌购买意向差异显著，$F(2, 105) = 11.353$，$p<0.01$，$\eta_p^2 = 0.178$。进一步事后比较分析结果显示，重复 5 次的高度广告竞争组被试的弱势品牌购买意向（$M = 4.819$，$SD = 1.045$）显著高于重复 3 次的中度广告竞争组（$M = 4.201$，$SD = 0.948$），$p = 0.010$；重复 3 次的中度广告竞争组被试的弱势品牌购买意向显著高于只播放 1 次的低度广告竞争组（$M = 3.694$，$SD = 1.014$），$p = 0.034$。

表1　　　　　　　　　　　不同竞争强度劣势者定位广告对中介变量和结果变量的影响

	低度竞争 （36 人）	中度竞争 （36 人）	高度竞争 （36 人）	F	事后比较
广告同理心感知	3.800（0.884）	4.256（0.953）	4.728（1.027）	8.469**	高>中>低
消费者行动主义	3.744（0.755）	4.211（0.891）	4.678（0.993）	10.011**	
弱势品牌购买意向	3.694（1.014）	4.201（0.948）	4.819（1.045）	11.353**	

注：** 代表 $p<0.01$。

　　为了进一步检验广告同理心感知、消费者行动主义是否在竞争强度对弱势品牌购买意向的影响中起连续中介作用，本研究使用 SPSS 24.0 软件 PROCESS 宏程序中的 Model 6 进行中介作用检验。考虑到自变量竞争强度是一个类别变量，根据 Hayes 和 Preacher（2014）的建议，我们进行了相对中介效应的检验。由于不同竞争强度组被试的变量水平出现低度<中度<高度的差序格局，分析中以中度竞争作为参照水平，结果如图 2 所示。进一步的 Bootstrap 结果如表 2 所示，在以中度竞争组为参考时，高度竞争通过广告同理心感知和消费者行动主义的简单中介效应分别是 0.165、0.039，95% 的 Bootstrap 置信区间均包括 0，表明广告同理心感知和消费者行动主义的简单中介效应均不显著；高度竞争组通过广告同理心感知和消费者行动主义的连续中介效应大小为 0.211，95% 的 Bootstrap 置信区间为 [0.004，0.508]，不包括 0，表明广告同理心感知和消费者行动主义的连续中介效应显著；且加入中介变量后，高度竞争组对购买意向的直接效应为 0.163，95% 的 Bootstrap 置信区间包括 0，表明直接效应不显著。以中度竞争组为参考时，低度竞争组通过广告同理心感知和消费者行动主义的简单中介效应分别是 -0.159、-0.047，95% 的 Bootstrap 置信区间均包括 0，表明广告同理心感知和消费者行动主义的简单中介效应均不显著；低度竞争组通过广告同理心感知和消费者行动主义的连续中介效应大小为 -0.204，95% 的 Bootstrap 置信区间为 [-0.461，-0.004]，不包括 0，表明广告同理心感知和消费者行动主义的链式中介效应显著；且加入中介变量后，低度竞争对购买意向的直

接效应为-0.058，95%的 Bootstrap 置信区间包括 0，表明直接效应不显著。

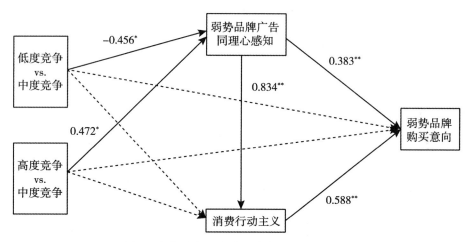

图 2　竞争强度影响购买意向的中介模型图

注：＊代表 $p<0.05$，＊＊代表 $p<0.01$。

表 2　　　　　　　　　　广告同理心感知和消费者行动主义的中介效应分析

效 应 路 径	估计值	95% CI	
		低	高
以中度竞争组为参考：			
高度竞争→广告同理心感知→购买意向	0.165	-0.006	0.448
高度竞争→消费者行动主义→购买意向	0.039	-0.045	0.155
高度竞争→广告同理心感知→消费者行动主义→购买意向	0.211	0.004	0.508
高度竞争→购买意向	0.163	-0.083	0.408
低度竞争→广告同理心感知→购买意向	-0.159	-0.399	0.007
低度竞争→消费者行动主义→购买意向	-0.047	-0.187	0.055
低度竞争→广告同理心感知→消费者行动主义→购买意向	-0.204	-0.461	-0.004
低度竞争→购买意向	-0.058	-0.303	0.187

5.4　讨论

实验 3 的结果表明，在强弱品牌广告竞争的情境下，面对强势品牌的优胜者广告诉求策略，弱势品牌采用劣势者广告诉求策略效果更好，随着广告竞争强度的增加，消费者对弱势品牌的广告同理心感知、消费者行为主义以及购买意向得分均提高，这表明随着竞争强度的提高，消费者主观上更加同情弱势品牌，并且更有意向通过自己的购买行为改变弱势品牌的不利处境。中介分析结果显示，竞争强度的增加会通过广告同理心感知和消费者行动主义的连续中介作用对弱势品牌购买意向产生影响，这说明随着竞争强度提高，消费者对采用劣势者广告诉求策略的弱势品牌表现出更高的广告同理心感知，进一步促进消费者行动主义的提高，最终促使消费者对弱势品牌的购买意向提高。

6. 结论

6.1 研究结论

本文研究了在强势品牌和弱势品牌广告竞争情境下，弱势品牌采用劣势者广告诉求策略的效果及竞争强度对劣势者效应的作用机制。研究通过实验 1 验证了在强势品牌采用优胜者广告诉求策略的情况下，弱势品牌采用劣势者广告诉求策略，效果要好于采用非劣势者广告诉求策略，消费者对采用劣势者广告诉求策略的弱势品牌购买意向更高。实验 2 证明了随着强势品牌和弱势品牌广告竞争强度提高，消费者对弱势品牌的购买意向不断提高，说明竞争强度对劣势者广告诉求策略的效果具有调节作用。实验 3 引入了广告同理心感知、消费者行动主义两个中介变量，研究结果显示，随着竞争强度提高，消费者对于采用劣势者广告诉求策略的弱势品牌的广告同理心感知和消费者行动主义不断提高，广告同理心感知和消费者行动主义为连续中介。

6.2 理论贡献

（1）本研究首次将劣势者效应研究引入广告竞争情境，以强弱不同的两个品牌广告竞争为背景研究劣势者效应尚属首次。以往研究劣势者效应的文献，往往单独考察单一品牌采用劣势者品牌传记的效果和影响因素（孙国辉等，2020；沈正舜等，2019），但是在真实的市场上，各个行业都会存在多个品牌激烈竞争的情况，因此本研究所设置的研究情境更符合真实市场状况，研究结论也能够更好地指导企业实践。以往对于广告领域的劣势者效应研究非常匮乏，更没有研究探讨竞争情境下的弱势品牌劣势者广告诉求策略。采用劣势者效应视角对行业内强弱品牌间的广告竞争进行探讨是本研究的一大特色，丰富了劣势者效应在广告领域的运用，同时也在行业竞争中凸显了广告劣势者诉求策略的重要价值，进一步丰富了战略管理理论和广告效果理论。

（2）本研究首次证实了强弱品牌广告竞争情境下，弱势品牌采用劣势者广告诉求策略效果更好，首次证实了竞争强度对弱势品牌劣势者广告诉求策略具有调节作用。以往研究发现消费者更加支持大品牌，普遍认为大品牌可以提供更廉价的商品、更可靠的质量、更好的品牌声誉（Delgado-Ballester，2021），这种观念导致多数品牌在广告宣传中突出自身优势资源、核心技术、市场份额、强势地位等属性。本研究的结论对于丰富劣势者效应理论和品牌战略理论具有重要意义，研究结论具有较高的理论价值和实践价值。

（3）本研究首次探讨了强弱品牌广告竞争中，劣势者广告诉求策略的连续中介机制。以往对于劣势者效应的研究聚焦于消费者自身劣势者身份认同、公平感、独特性需求、感知风险等因素

（McGinnis & Gentry，2009；Delgado-Ballester，2021），本研究第一次引入了广告同理心感知、消费者行动主义来探讨劣势者效应和广告竞争效果，特别是消费者行为主义这一变量的引入填补了领域空白，可以更加深入地揭示作用机制。研究结果显示，随着竞争强度提高，广告同理心和消费者行动主义构成连续中介，最终导致消费者对于采用劣势者广告诉求策略的弱势品牌更高的购买意向。这深入揭示了劣势者广告诉求策略的作用机制，进一步丰富了劣势者效应理论。

6.3　实践启示

企业作为生产经营者，一般非常看重产品性能、价格、品质等因素对消费者的影响作用，对产品力求做到精益求精，但是对产品之外的因素往往没有充分重视。本研究发现弱势品牌采用劣势者广告诉求策略将会收到良好的效果，消费者的广告同理心感知和消费者行动主义具有连续中介作用，消费者通过购买行为来表达对弱势品牌的支持，用自己的微薄之力来表达自身的观点和意见，因此，消费者行为绝不仅仅是简单的产品选择行为，品牌所代表的道德情感、社会期许、英雄主义等非产品因素对品牌具有不可忽视的重要作用。做好产品仅仅解决了产品层面的问题，能否真正打动消费者还需要从竞争情境、广告诉求等更多视角来做工作。讲好品牌故事，打动人心非常重要。

与强势品牌相比，弱势品牌代表相对不成功和低地位，但是弱势品牌面对强势品牌的竞争并非只能被动挨打，弱势品牌完全可以通过劣势者广告诉求策略赢得消费者的品牌认同和支持。要做好劣势者广告诉求，绝不能仅仅突出自身的资源劣势，而是在强调资源不足的情况下，突出自身的坚强毅力和必胜信念，突出自身虽然外部资源不足，但是内部干劲十足。劣势者不等于失败者，失败者是指既没有资源优势，又缺乏抗争精神的个体。对于强势品牌而言，在激烈的市场竞争中，除了追求产品卓越以外，也要重视讲好产品故事，做到打动人心、拉近距离，将生硬的品牌广告变成充满人情味的品牌传记。

6.4　研究局限和未来展望

本研究所用被试为大学生群体，年龄段较为集中、消费行为同质性较高，因此被试群体具有较大的特殊性，与市场上的消费者群体相比具有较大差异，以后的研究要扩大被试群体范围，从而扩大研究结论的适用范围。此外，本研究为了提高实验可操作性，对劣势者广告定位的操作进行了便利化处理，与市场上真正的劣势者广告定位还有差距，接下来的研究应该完善操作方式，提高实验的信度和效度。

当前劣势者效应研究虽然取得了一系列成果，但是对于劣势者效应的调节机制还有待深入挖掘，其中产品类别和消费者个体差异的影响尤为重要。例如，地位产品消费是指个体通过购买奢侈品或高价产品来表征个体的身份，以获得社会地位和社会荣誉（王财玉等，2013）。地位产品消费的外在动机主要表现为地位消费具有符号功能，借由地位商品的符号功能，实现对自己和他人的身份确认（Berger & Ward，2008；金晓彤等，2017），成为自身价值、角色身份和地位等级的有力证明（Sivanathan & Pettit, 2010）。在劣势者广告诉求过程中，是否突出地位产品信息对劣势者效应的影响有待继续挖掘。此外，消费者具有较大的个体差异，未来的研究可以从消费者个体差异角度探讨劣势者广告定位策略的作用机制，其中权力距离信念（power distance belief）是一个重要的研究变量。权力距离信念是反映个体接受和预期社会不平等程度的关键结构（Shavitt et al., 2006），低权力距离信念的人信奉人人平等，高权力距离信念的人倾向于认为社会阶级不平等是合法的、可接受的、不可避免的，甚至是可取的（季浩等，2019）。劣势者效应涉及资源不平等、消费者同理心等因素，消费者权力距离信念可以反映消费者对资源不平等等因素的基本态度，对于不同权力距离信念的消费者而言，劣势者广告诉求策略的效果和作用机制值得深入挖掘。

◎ 参考文献

[1] 崔宏静，金晓彤，王天新．地位消费研究述评与展望［J］．消费经济，2016，32（3）．

[2] 季浩，谢小云，肖永平，等．权力层级与团队绩效关系：权力与地位的一致与背离［J］．心理学报，2019，51（3）．

[3] 金晓彤，赵太阳，崔宏静，等．地位感知变化对消费者地位消费行为的影响［J］．心理学报，2017，49（2）．

[4] 晋向东，张广玲，曹晶，等．强势品牌广告竞争的溢出效应［J］．心理学报，2018，50（6）．

[5] 孙国辉，梁渊，李季鹏．社会排斥对地位消费行为倾向的影响［J］．经济管理，2020，42（4）．

[6] 沈正舜，李怀斌．示弱还是示强？品牌传记与消费者品牌态度：移情的中介作用［J］．外国经济与管理，2019，41（6）．

[7] 王财玉，孙天义，何安明，等．社会地位感知与地位消费倾向：自尊的恐惧管理［J］．中国临床心理学杂志，2013，21（1）．

[8] 杨晨，王海忠，钟科．"示弱"品牌传记在"蛇吞象"跨国并购中的正面效应［J］．中国工业经济，2013（2）．

[9] 钟科，王海忠，杨晨．人们何时支持弱者？营销中的劣势者效应研究述评［J］．外国经济与管理，2014，36（12）．

[10] Agrawal, N., Maheswaran, D. Motivated reasoning in outcome-bias effects［J］．Journal of Consumer Research, 2005, 31（4）．

[11] Arli, D., Anandya, D. Exploring the impact of empathy, compassion, and Machiavellianism on consumer ethics in an emerging market［J］．Asian Journal of Business Ethics, 2018, 7（1）．

[12] Baron, R. A., Tang, J., Tang, Z., et al. Bribes as entrepreneurial actions: Why underdog entrepreneurs feel compelled to use them［J］．Journal of Business Venturing, 2018, 33（6）．

[13] Berger, J. A., Ward, M. K. Subtle signals of inconspicuous consumption［J］．SSRN Electronic Journal, 2008［2023-04-07］．

[14] Delgado-Ballester, E. Effect of underdog (vs. topdog) brand storytelling on brand identification: Exploring multiple mediation mechanisms［J］．Journal of Product & Brand Management, 2021, 30（4）．

［15］ Escalas, J. E. , Stern, B. B. Sympathy and empathy: Emotional responses to advertising dramas［J］. Journal of Consumer Research, 2003, 29 (4).

［16］ Folger, R. , Kass, E. E. Social comparison and fairness［J］. Handbook of Social Comparison, 2000, 12 (6).

［17］ Goldschmied, N. The underdog effect: Definition, limitations, and motivations［J］. USF Tampa Graduate Theses and Dissertations, 2005, 41 (3).

［18］ Hayes, A. F. , Preacher, K. J. Statistical mediation analysis with a multicategorical independent variable［J］. British Journal of Mathematical and Statistical Psychology, 2014, 67 (3).

［19］ Han, B. , Sembada, A. Y. , Johnson, L. W. Leveraging underdog positioning and consumer trait agreeableness for sustained marketing strategy［J］. Sustainability, 2021, 13 (23).

［20］ Jun, S. , Sung, J. , Gentry, J. W. , et al. Effects of underdog (vs. topdog) positioning advertising ［J］. International Journal of Advertising, 2015, 34 (3).

［21］ McGinnis, L. P. , Gentry, J. W. Underdog consumption: An exploration into meanings and motives ［J］. Journal of Business Research, 2009, 62 (2).

［22］ Michniewicz, K. S. , Vandello, J. A. The attractive underdog: When disadvantage bolsters attractiveness［J］. Journal of Social and Personal Relationships, 2013, 30 (7).

［23］ Nagar, K. Support for the underdog brand biography: Effects on consumer attitude and behavior［J］. Journal of Marketing Communications, 2019, 25 (5).

［24］ Paharia, N. , Keinan, A. , Avery, J. , et al. The underdog effect: The marketing of disadvantage and determination through brand biography［J］. Journal of Consumer Research, 2011, 37 (5).

［25］ Paharia, N. , Avery, J. , Keinan, A. Positioning brands against large competitors to increase sales ［J］. Journal of Marketing Research, 2014, 51 (6).

［26］ Schmidt, H. J. , Steenkamp, P. Beware, an underdog may bite: Literature review and brand management framework in the context of underdog brands［J］. Journal of Brand Management, 2022, 29 (1).

［27］ Shavitt, S. , Lalwani, A. K. Zhang, J. , et al. The horizontal/vertical distinction in cross-cultural consumer research［J］. Journal of Consumer Psychology, 2006, 16 (4).

［28］ Sivanathan, N. , Pettit, N. C. Protecting the self through consumption: Status goods as affirmational commodities［J］. Journal of Experimental Social Psychology, 2010, 46 (3).

［29］ Simon, H. A. Bandwagon and underdog effects and the possibility of election predictions［J］. Public Opinion Quarterly, 1954, 18 (3).

［30］ Sandıkcı, Ö. , Ekici, A. Politically motivated brand rejection［J］. Journal of Business Research, 2009, 62 (2).

［31］ Sahin, O. , Nasir, S. The effects of status consumption and conspicuous consumption on perceived symbolic status［J］. Journal of Marketing Theory and Practice, 2022, 30 (1).

［32］ Tian, K. T. , Bearden, W. O. , Hunter, G. L. Consumers' need for uniqueness: Scale development and validation [J]. Journal of Consumer Research, 2001, 28 (1).

[33] Tommaso, A., Samuele, M. Perceived competition and performance in Italian secondary schools: New evidence from OECD-PISA 2006 [J]. British Educational Research Journal, 2012 (10).

[34] Vandello, J. A., Goldschmied, N. P., Richards, D. A. R. The appeal of the underdog [J]. Personality and Social Psychology Bulletin, 2007, 33 (12).

The Mechanism of Underdog Advertising Positioning Strategy in Advertising Competition

Jin Xiangdong[1,2]   Fan Xiucheng[1]   Kong Fanchang[3]   Song Wenhao[4]

(1   School of Management, Fudan University, Shanghai, 200433;

2   School of Economics and Business Administration, Central China Normal University, Wuhan, 430079;

3   School of Psychology, Central China Normal University, Wuhan, 430079;

4   School of Economics and Management, Shanghai Maritime University, 200135)

Abstract: This paper focuses on the effect and mechanism of underdog advertising positioning strategy of the weak brands in the context of advertising competition, introduces the intensity of advertising competition of strong and weak brands as moderating variables, and introduces advertising empathy perception and consumer activism as mediating variables. The empirical results show that in the face of advertising competition from strong brands, the weak brand adopts the underdog positioning advertising would get better effect than the general weak brand advertising strategy. With the increase of competition intensity, weak brand using underdog positioning advertising strategy can improve weak brand purchase intention, and the competition intensity has a moderating effect on the underdog positioning, and consumer advertising empathy perception and consumer activism have continuous mediating effect on the underdog advertising positioning. The research enriches the theory of the underdog effect, and has great theoretical and practical value.

Key words: Underdog effect; Underdog positioning advertising; Advertising empathy perception; Consumer activism

专业主编：寿志钢

珞珈管理评论
2024 年卷第 2 辑（总第 53 辑）

Luojia Management Review
No. 2，2024（Sum. 53）

消费者权力感对绿色消费意愿的影响机制研究[*]

● 范公广　杨　川　崔登峰

（石河子大学经济与管理学院　石河子　832000）

【摘　要】基于能动—公共导向理论，阐明并验证了不同类型的权力感知对绿色消费意愿的影响机制。三项实验结果表明：权力感显著影响绿色消费意愿，相较于高权力感者，低权力感个体绿色消费意愿更高；其心理机制在于，低（vs. 高）权力感者具有公共导向，关注外部环境，表现出较强的共情水平，关注行为带来的社会效益，故更偏好绿色消费；自我建构则在权力感对绿色消费意愿影响中发挥调节效应。这不仅补充了权力感影响绿色消费意愿的边界条件的相关知识，还基于权力解读视角解释了权力感对绿色消费意愿影响效应的研究分歧现象，能够为企业绿色产品营销实践提供有益洞见。

【关键词】权力感　共情　绿色消费意愿　自我建构

中图分类号：F713.55　　　　文献标识码：A

1. 引言

"绿水青山就是金山银山"，党的十九大报告将"推进绿色发展"作为"建设美丽中国"的战略部署，并极力倡导绿色消费。如今，营销领域中的绿色消费研究日益丰富。以往研究表明，参照群体影响（Yan et al.，2021）、社会规范（葛万达和盛光华，2020）等社会情境因素以及产品的包装信息（盛光华等，2021）、企业绿色广告的诉求方式（毛振福等，2017）等营销策略要素均是驱动消费者进行绿色消费的重要前因变量。而为满足企业识别并区分绿色消费者的需要，学界逐渐重视个体特质因素对绿色消费的影响效应（Sreen et al.，2018；Zhang et al.，2019；靳明和赵昶，2008）。

在诸多特质因素中，权力感作为个体生活中普遍存在的自我认知倾向（Rucker 和 Galinsky，2009），如今已成为绿色消费领域备受关注的焦点（Zhang et al.，2019；姚琦等，2020），其不仅涉

───────────────
* 基金项目：国家自科基金项目"环境、社会和治理（ESG）表现对企业韧性的影响研究"（项目编号：72362030）；新疆杏产业技术体系专项资金项目（项目编号：XJCYTX-03）。
通讯作者：杨川，E-mail：896922753@qq.com。

及个体对自身在组织或社会中掌控资源和影响他人行为的感知和评估，更是影响个体消费决策和行为的潜在驱动力。一些研究表明，低权力感的消费者更倾向于绿色消费（Zhang et al.，2019；吴波等，2013）；另一些研究则表明趋近动机越强、权力感越高的个体越偏好绿色消费（高键和盛光华，2017；姚琦等，2020）。缘何已有研究存在上述争议？本文基于权力解读的视角，尝试依据自我建构理论解决上述两种研究结论之间的矛盾，进一步理清消费者权力感对绿色消费意愿产生影响的有效边界条件和作用机制。自我建构理论认为，独立型自我建构与个人主义相关联（Markus and Kitayama，1991），倾向于从个人化角度看待权力（Torelli and Shavitt，2011），将权力解读为"机会"；而依存型自我建构与集体主义相关联（Markus and Kitayama，1991），倾向于从社会化角度看待权力（Torelli and Shavitt，2011），将权力解读为"责任"。换言之，高权力感者会根据不同自我建构水平而产生不同的绿色消费意愿和行为。

进一步，从共情角度去理解消费者权力感如何塑造绿色消费意愿仍然存在知识空白。作为人与人之间情感联结的纽带，共情是个体对他人情绪理解以及做出适当反应的能力（Baron-Cohen，2002）。已有研究表明，权力感能够影响个体的绿色消费行为（Zhang et al.，2019；吴波等，2013），而不同的权力状态感知会形成不同的共情能力水平（Tjosvold and Sagaria，1978），个体的共情能力又会显著影响其绿色消费的偏好（李文明等，2019）。由此推测，共情很可能在权力感与绿色消费意愿关系间发挥中介作用。

为丰富并补充上述研究缺口，基于能动—公共导向理论，本文将权力感、共情、绿色消费意愿和自我建构纳入同一框架，试图回答三个问题：其一，在一般情形下，不同权力感个体在绿色消费偏好上有何差异？其二，共情是否充当权力感影响绿色消费意愿的中介变量？其三，自我建构如何调节权力感对绿色消费意愿的影响效应？研究结果不仅补充权力感影响绿色消费意愿的边界条件的相关知识，还基于权力解读视角充分解释了权力感对绿色消费意愿影响效应的研究分歧现象，能为企业绿色营销实践提供有益洞见。

2. 理论基础与研究假设

2.1 权力感与绿色消费意愿

权力感是个体感知自我拥有权力或缺乏权力时所产生的一种主观感受（Galinsky et al.，2014），会对人们的认知、情感和行为方式产生潜移默化的作用（Rucker et al.，2012；姚琦等，2023），如提高消费者绿色消费偏好（Zhang et al.，2019）。绿色消费是指消费者在商品的购买、使用和用后处理过程中努力保护生态环境并使消费对环境的负面影响最小化的消费行为（劳可夫，2013），其具有道德属性（王财玉等，2019）、利他属性（周静等，2021）和亲社会属性（寇彧等，2004），购买绿色产品不仅能满足消费者的功能性需要，而且可以满足象征性需要（祝希和孙习祥，2015）。而能动—公共导向模型指出权力感强调能动和公共的双重取向，则为探讨权力感与绿色消费意愿间关系提供有力证据。该模型认为高权力感个体容易产生能动取向，从而促使个体更加关注自我表达、自我提升和自我保护，往往聚焦自我，更加看重自己的价值和利益得失；而低权力感个体倾向于产生公共取向，对他人具有较强的依赖性，往往聚焦他人，促使个体在做决定时更多考虑他人的感受，更看重满足他人的需要（Rucker et al.，2012；姚琦等，2019）。由此可见，当权力感的能动—公共取向与绿色消费的道德性、利他性和亲社会性特征相结合时，不同权力感认知的个体对绿色消费存在差异化的偏好。

具体而言，权力感会导致个体在权衡自我重要性上存在差异，高权力感个体易产生能动取向，聚焦自我，倾向于做出利己行为，更偏好能够满足个人利益的产品，即强调产品的功能和质量（Rucker and Galinsky，2009；江红艳等，2017），然而绿色产品的有效性却往往表现较差（Lin and Chang，2012）。相反，低权力感个体易产生公共取向，聚焦他人，做决策时会以他人为中心，愿意通过购买产品帮助他人（王艳芝和卢宏亮，2018），也更倾向于展现利他导向的行为，更愿意对具有社会效益的产品做出反应（吴波等，2013），而绿色消费则同时具有利他性和亲社会性的双重特征。据此，提出假设：

H1：相较于高权力感者，低权力感的消费者更偏好绿色消费。

2.2 共情的中介机制

共情作为人与人之间情感联结的纽带，是指个体对他人情绪理解以及做出适当反应的能力（Baron-Cohen，2002），为诠释权力感影响绿色消费意愿的机制提供新的解读视角。

一方面，权力感会对个体的共情能力产生重要影响。原因在于，观点采择被认为是共情的重要组成部分（Decety and Jackson，2004），相较于低权力感者，高权力感者的观点采择能力更差，更容易忽略他人的观点（Galinsky et al.，2006；吴漾等，2014）。换言之，较高的权力感知会降低个体的同情心和共情能力，导致个体较少处于他人角度思考问题（Tjosvold and Sagaria，1978）。此外，权力距离理论认为高权力感者易产生更大社会距离，决策时会显得更加"冷血"，倾向于将他人"物化"（Gruenfeld et al.，2008；周静等，2021），表现为缺乏共情能力（Magee and Smith，2013）。据此可知，低权力感的消费者更关注外部环境，共情能力较强；而高权力的消费者则更聚焦自我，共情能力较弱。

另一方面，个体共情能力会对绿色消费意愿产生重要影响。如今，共情多与亲社会行为（De Waal，2008）、利他行为（李文辉等，2015）和道德行为（Chowdhury and Fernando，2014）相关联，紧密贴合绿色消费的基本属性。研究表明，共情水平的高低会让个体感知到不同程度的羞愧和内疚感（Schalkwijk et al.，2016），而这种预期内疚感则会影响不同权力感知的消费者选择利他产品的意愿（吴波等，2013）。此外，当共情与自然相联结时则会催生自然共情，而自然共情水平较高的个体进行亲环境行为的意愿则较强（李文明等，2019），更易产生共享型绿色消费行为（王建明等，2021）。据此可知，共情能力较强的消费者决策时更愿意为他人和环境着想，更愿意对具有社会效益的产品做出反应。

综上所述，结合假设 H1，相较于高权力感者，低权力感的消费者更关注外部环境，聚焦他人，拥有较强的共情能力，决策时更愿意为他人、社会和环境着想，更关注行为带来的社会利益，故更偏好绿色消费。由此提出假设：

H2：共情在权力感对绿色消费意愿影响中发挥中介作用。

2.3 自我建构的调节效应

自我建构是个体对自我与他人关系的认知，分为独立型和依存型自我建构（Markus and Kitayama，1991）。前者强调自我的独特性，倾向于将自我与社会环境相分离，突出自我的重要性，从而促进自我目标的实现；而后者则注重自己与他人的和谐关系，倾向于用与他人的关系以及情境因素来规范自身的行为，具有"公共"的属性，从而促进集体目标的实现。这两种自我建构类型同时存在于个体内部，但不同情境会驱使某种自我建构占据主导地位（Lee et al.，2011），进而对个体的认知、情感和行为产生重要影响（朱丽叶和卢泰宏，2008）。已有研究在权力感对绿色消费意愿的影响效应上仍存分歧（Zhang et al.，2019；吴波等，2013；姚琦等，2020），而从权力解读的视角出发，自我建构理论则为其成因提供解释依据。

一方面，独立型自我建构与个人主义相关联（Markus and Kitayama，1991），倾向于从个人化的角度看待权力（Torelli and Shavitt，2011），将权力解读为"机会"。此时，权力被个体看作追逐个人利益的工具，与"能动取向"相联系（江红艳等，2017）。如前所述，高权力感的消费者产生能动取向，更加关注自身的功能性需要，注重产品的实用性（Rucker and Galinsky，2009）。而低权力感的消费者产生"公共取向"，关注产品带来的社会效益（吴波等，2013）。故在独立型自我建构主导下，相较于高权力感者，低权力感个体更偏好绿色消费。

另一方面，依存型自我建构与集体主义相关联（Markus and Kitayama，1991），倾向于从社会化的角度看待权力（Torelli and Shavitt，2011），将权力解读为"责任"，进而增强他人导向的目标（Chen and Welland，2002）。此时，个体认为自身拥有的权力主要是用于帮助他人实现目标以及为他人谋福利，与"公共取向"相联系（江红艳等，2017）。当高权力感个体意识到与他人的相互依存关系时，则会产生社会责任感（Lammers et al.，2009），这种高社会责任感会促进个体产生更多亲社会行为（陈思静和马剑虹，2011），而购买绿色产品则被视为有责任及亲社会的体现。据此可知，在依存型自我建构主导下，与低权力感者一致，高权力感者同样倾向于关注产品带来的社会效益。

但在绿色消费偏好上，不同权力状态的消费者仍存一定差异。理由在于，绿色消费的亲社会属性还具有炫耀性（姚琦等，2020），炫耀性的亲社会行为有助于个体提升自己在他人眼中的形象，获取社会地位和声誉（Willer，2009）。在依存型自我建构主导下，相较于低权力感者，高权力感个体的自我保护、自我提升和自我表达动机更强（Rucker et al.，2012），更倾向于激活个体的"行为接近系统"，愿意主动做出行为、追求目标（Keltner et al.，2003），而趋近动机越强的消费者也越偏好绿色产品（高键和盛光华，2017）。故在依存型自我建构主导下，相较于低权力感者，高权力感个体更愿意通过购买绿色产品从而体现自己的亲社会性，以期获得或保持社会声誉与地位。由此提出假设：

H3：自我建构在权力感与绿色消费意愿关系间起调节作用。

H3a：在独立型自我建构主导下，相较于高权力感者，低权力感个体更偏好绿色消费。

H3b：在依存型自我建构主导下，相较于低权力感者，高权力感个体更偏好绿色消费。

3. 实验 1：权力感与绿色消费意愿间关系

3.1 实验设计与流程

实验 1 初步探索不同类型的权力感对绿色消费意愿的影响，即验证假设 H1。以新疆某高校在校本科生和研究生作为实验被试，通过网络问卷形式进行。共回收有效问卷 115 份，均通过注意力检测（题项为：超强背包 A 和环保背包 B 的价格一样吗?）。其中高权力感组 61 人，低权力感组 54 人。女性 55 人，占 47.8%；被试的平均年龄 20.34 岁（SD=1.77），年龄跨度 18~26 岁。

首先，本文采用词语搜索任务方式启动被试的权力感。在实验中，参考已有研究（姚琦等，2020），本文向被试展示 12×12 的汉字矩阵，总共 13 个词汇。其中，8 个词汇与权力感相关（如高权力感组中的控制、发布、权威等；低权力感组中的服从、依附、依赖等）。剩下 5 个为中性词汇（如广场、鲜花、手环等）。接着，在汉字矩阵下方向被试提供 15 个词汇（在高权力感组中增添了评委、人力资源考官等词汇；在低权力感组中增加了服务员和求职者等词汇，剩余的 13 个词汇皆来自汉字矩阵），被试被要求在矩阵中选出出现过的词汇。随后，本文对情境权力感的操控进行有效性检验，要求被试报告"在多大程度上认为自己很有权力（1=完全没有权力，7=非常有权力）"，并通过问卷系统记录下被试完成该任务的时间作为投入程度的指标和当时的情绪（1=非常糟糕，7=非常好）。

接下来，向被试展示产品内容。参考现有研究（吴波等，2013），本文通过文字描述向被试呈现两款双肩包，使用的封面故事如下：M 公司最近推出两款双肩包，分别为超强背包 A 和环保背包 B。超强背包 A 背负舒适，来源于它的背负系统设计，不仅在肩带和腰带上有一英寸厚的泡沫，而且在后背背板上有更厚且更柔软的泡沫。它的形状也符合人体工程学设计，背部和底部都能很好地贴合身体，同时，空气通道和悬浮网设计带来了充足的通风，减轻了贴合过热的困扰。价格 388 元。环保背包 B，这款绿色环保休闲包居然是用回收的矿泉水瓶做成的，它不仅减少了塑料浪费，还给废弃物一次新生，外观设计简约时尚，是有朝气的绿色，让人感觉元气满满的，适合各种场合，价格 388 元。

最后，测量被试绿色消费意愿。要求被试想象其有需要且有能力购买一款双肩背包，并使用李克特 7 点量表回答其对上述两款产品的购买意愿。1 代表一定选择超强背包 A，7 代表一定选择环保背包 B，中间的数字则代表选择超强背包 A 和环保背包 B 的不同可能性，数值越大表明越偏爱环保背包 B。此外对被试人口统计学变量进行收集并分析。

3.2 结果与讨论

（1）操纵检验。本文通过单因素方差分析检验词语搜索任务是否成功激发被试权力感。结果表明，高权力感组（$M_{权力感} = 4.26$，SD = 1.54）与低权力感组（$M_{权力感} = 3.19$，SD = 1.37）的权力状态具有显著性差异（$F(1, 113) = 43.877$，$p<0.01$），被试的权力感状态被成功激活。高、低权力感组被试在投入程度（$F(1, 113) = 0.203$，$p = 0.654$）和情绪状态（$F(1, 113) = 1.748$，$p = 0.189$）上并未表现出明显差异。因此，接下来被试情绪和投入程度的影响在操控权力感的实验中不再涉及。

（2）绿色消费意愿。以绿色消费意愿为因变量的单因素方差分析结果表明，低权力感被试的绿色消费意愿（$M_{绿色消费意愿} = 4.33$，SD = 1.40）明显高于高权力感被试的绿色消费意愿（$M_{绿色消费意愿} = 2.82$，SD = 1.04），两组间具有显著差异（$F(1, 113) = 43.88$，$p<0.01$），假设 H1 得到有效支持。

实验 1 的研究结果表明，个体权力感对绿色消费意愿呈负向影响，相较于高权力感，低权力感个体绿色消费意愿更强烈，假设 H1 得到初步验证。此外，所有被试的情绪状态均未存在明显差异，排除了情绪状态的替代性解释。尽管本文验证了不同权力感状态的个体对绿色消费意愿偏好存在差异，但尚未探究权力感影响绿色消费意愿的心理机制，故拟通过实验 2 考察共情是否在权力感对绿色消费意愿影响中发挥中介作用，并采用区别于实验 1 的权力感启动方式和产品材料，以增强研究结论的普适性。

4. 实验 2：共情的中介作用

4.1 实验设计与流程

实验 2 目的在于探讨共情是否会中介权力感对绿色消费意愿的影响，即验证假设 H2。本文以新疆某高校在校大学生作为实验被试，通过网络问卷形式进行。共回收有效问卷 195 份，均通过注意力检测（题项为：强力清洁剂 A 和草本清洁剂 B 的价格一样吗？）。其中高权力感组 112 人，低权力感组 83 人。女性 103 人，占 52.8%；被试的平均年龄 20.62 岁（SD = 1.16），年龄跨度 19~24 岁。

首先，本文通过角色扮演法启动被试的权力感。参照已有研究（王艳芝和卢宏亮，2018），对于高权力感组，材料情景为"假设你是学生社团负责人，现在社团要进行纳新活动，你作为面试官需要对所有申请入会的人进行面试"。对于低权力感组，材料情景为"假设你去机动车检测公司审车，大厅里面等待的人很多。等了很长时间眼看快轮到你，不料却被后来的人持 VIP 卡抢在你前面办理"。随后，本文对情境权力感的操控的有效性检验，要求被试"在认为自己很有权力的程度上进行评价"。

然后，测量被试的共情得分。实验材料选自韩文超等（2013）针对中国大陆而修订的人际反应指针量表（IRI-C），共 20 题（实验材料中的第 10、16、17、20 题为反向题）。

接下来，向被试展示产品内容。参考现有研究（吴波等，2013），本文通过文字描述向被试呈现两款清洁剂，使用的封面故事如下：M 公司最近推出两款洗涤剂，分别为强力洗涤剂 A 和强力洗涤剂 B。其中，强力洗涤剂 A 是一种碱性很强的织物洗涤剂，主要用于餐厅的台布、口布及厨衣、围裙等重油垢织物的洗涤，也可用于床单、巾类等棉织物特别脏不易洗涤时的特殊处理，使用更方便，价格 80 元，200ml/瓶。而环保清洗剂 B 主要应用于光学镜片等部件的表面清洗，可配合超音波清洗机使用，适用于塑料、金属、合金、玻璃等部件表面之清洗，价格 80 元，200ml/瓶。

最后，测量被试的绿色消费意愿。要求被试想象其有需要且有能力购买一款清洁剂，使用李克特 7 点量表回答其对上述两款产品的购买意愿，并对被试人口统计学变量进行收集和分析。

4.2 结果与讨论

操纵检验。本文通过单因素方差分析检验角色扮演法是否成功激发被试权力感。结果表明，高权力感组（$M_{权力感}=4.66$，SD$=1.557$）与低权力感组（$M_{权力感}=2.94$，$SD=1.476$）的权力感水平具有显著性差异（$F(1, 193)=60.851$，$p<0.01$），被试的权力感状态被成功激活。

绿色消费意愿。以绿色消费意愿为因变量的单因素方差分析结果表明，低权力感被试的绿色消费意愿（$M_{绿色消费意愿}=4.01$，SD$=0.917$）明显高于高权力感被试的绿色消费意愿（$M_{绿色消费意愿}=3.12$，SD$=1.168$），两组间具有显著差异（$F(1, 193)=33.5$，$p<0.01$）。结果表明，相较于高权力感者，低权力感被试的绿色消费意愿更高，更偏好购买绿色产品。

中介效应分析。本文采用一般线性回归检验共情的中介效应。首先，本文以权力感作为自变量、绿色消费意愿作为因变量进行线性回归，结果表明权力感对绿色消费意愿会产生显著影响（$b=-0.248$，$p<0.01$）。然后，以权力感为自变量、共情为因变量做线性回归，结果证明权力感对共情的影响是显著的（$b=-0.273$，$p<0.01$），即低（vs. 高）权力感个体具有更高的共情能力。最后，本文以权力感为自变量、共情为中介变量、绿色消费意愿为因变量进行线性回归，结果表明，当模型中加入中介变量共情后，共情对绿色消费意愿存在显著影响（$b=0.646$，$p<0.01$），但权力感对绿色消费意愿的影响不显著（$b=-0.072$，$p=0.138$）。结果说明，共情在权力感对绿色消费意愿的影响中起完全中介作用，假设 H2 得到验证。

为使研究结论更具可靠性，本文使用 SPSS 中的 PROCESS 程序再次检验共情的中介效应，选择 Model 4 和 5000 的样本量（姚琦等，2020），以权力感为自变量、共情为中介变量、绿色消费意愿为因变量进行中介效应分析。结果表明，不同权力状态引起共情水平存在差异（$b=-0.273$，se$=0.0294$，$p<0.01$）；而共情会对绿色消费意愿产生显著影响（$b=0.646$，se$=0.0981$，$p<0.01$）。进一步，权力感对绿色消费意愿的间接效应为-0.1762，95%置信区间 CI：$[-0.2527, -0.1082]$，区间不包括 0 值，表明间接效应显著，而权力感对绿色消费意愿的直接效应为-0.0718，95%置信区间 CI：$[-0.1668, 0.0233]$，区间包括 0 值，说明直接效应不显著（详见图 1）。因此，权力感主要通过共情影响绿色消费意愿，实验结果同样支持假设 H2。

实验 2 的结果表明，权力感影响绿色消费意愿。相较于高权力感被试，启动低权力感的被试更

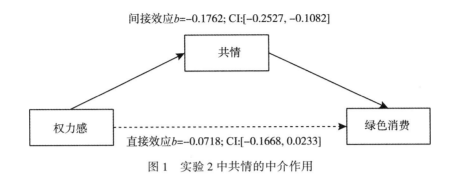

间接效应 $b=-0.1762$; CI:[-0.2527, -0.1082]

共情

权力感

绿色消费

直接效应 $b=-0.0718$; CI:[-0.1668, 0.0233]

图 1　实验 2 中共情的中介作用

倾向于购买绿色产品。实验结果再次验证假设 H1。同时，实验 2 也验证了共情是权力感影响绿色消费意愿的内在机制，假设 H2 得到有效支持。此外，通过不同的权力感启动方式和产品内容材料进行实验 1 和实验 2，主效应的研究结果仍然保持一致，表明实验结果具有稳健性。

5. 实验 3：自我建构的调节效应

5.1　实验设计与流程

实验 3 采用 2（权力感：高 vs. 低）×2（自我建构类型：依存型 vs. 独立型）的双因素被试组间完全随机实验设计，检验自我建构是否在权力感对绿色消费意愿影响中发挥调节效应，即验证假设 H3。本文仍然以新疆某高校在校大学生作为实验被试，通过网络问卷的形式进行发放。共回收问卷 181 份，有 4 名被试未通过注意力检测（题项为：Sostoras 的身份是什么？），有效样本 177 人。其中女性 82 人，占比 46.3%，被试的平均年龄 20.44 岁（SD = 1.127），年龄跨度 19~22 岁。

首先，本文采用阅读英雄故事的方法对参与者的自我建构进行激活（毛振富等，2017）。在依存型自我建构组，故事中主人公更多考虑他人；在独立型自我建构激活组，故事中主人公更多考虑自己。依据自我建构量表（依存型的量表信度 Cronbach's Alpha 值为 0.913；独立型的量表信度 Cronbach's Alpha 值为 0.907）进行操纵检验（王裕豪等，2008）。

其次，本文通过角色想象方式启动被试的权力感（姚琦等，2020）。在高（低）权力感组，被试设想自己是一家公司的主管领导（普通职员），阅读一段有关主管领导（普通职员）的文字材料。被试要想象自己处于主管领导（普通职员）的角色中，会有什么感受，会想些什么及做些什么。随后，本文对情境权力感的操控进行有效性检验，要求被试报告"在多大程度上认为自己很有权力（1=完全没有权力，7=非常有权力）"。

最后，测量被试的绿色消费意愿。产品材料与实验 2 相同，通过量表（量表信度 Cronbach's Alpha 值为 0.732）测量被试的绿色产品购买意愿（Dodds et al.，1991）来代表绿色消费意愿，并对被试人口统计学变量进行收集和分析。

5.2 结果与讨论

（1）操纵检验。首先，本文通过独立样本 t 检验分析阅读英雄故事是否能够启动被试的自我建构。结果表明，在独立型自我建构启动材料下，独立型自我建构组包含的个人主义特征更多（$M_{独立型} = 5.41$，$M_{依存型} = 3.00$，$t = -19.693$，$p < 0.01$）；而在依存型自我建构启动材料下，依存型自我建构组包含的社会关系特征更多（$M_{独立型} = 3.48$，$M_{依存型} = 5.21$，$t = 13.38$，$p < 0.01$），表明对自我建构的操纵方式有效。随后，同样利用独立样本 t 检验分析角色想象方法是否成功激发被试权力感。结果表明，高权力感组（$M_{权力感} = 4.97$，SD = 1.473）与低权力感组（$M_{权力感} = 3.28$，SD = 1.681）同样具有显著性差异（$t = -7.083$，$p < 0.01$），被试的权力感状态被成功激活。

（2）绿色消费意愿。以绿色消费意愿为因变量的单因素方差分析结果表明，低权力感被试的绿色消费意愿（$M_{绿色消费意愿} = 5.189$，SD = 1.394）明显强于高权力感被试的绿色消费意愿（$M_{绿色消费意愿} = 4.307$，SD = 1.677），两组间具有显著差异（$F(1, 175) = 14.474$，$p < 0.01$），研究结果再一次验证了假设 H1。

（3）自我建构的调节效应。本文以绿色消费意愿为因变量，以自我建构、权力感为自变量的双因素方差分析结果表明，自我建构与权力感存在显著交互作用（$F(1, 173) = 56.381$，$p < 0.01$），验证了假设 H3。简单效应分析结果显示（如图 2 所示），在独立型自我建构主导下，相较于高权力感的个体，低权力感的消费者表现更强的绿色消费意愿（$M_{高} = 3.043$，$M_{低} = 5.274$；$F(1, 173) = 74.235$，$p < 0.01$），假设 H3a 通过检验。在依存型自我建构主导下，相较于低权力感的个体，高权力感的消费者的绿色消费意愿则略高一筹（$M_{高} = 5.659$，$M_{低} = 5.101$；$F(1, 173) = 4.393$，$p < 0.05$），假设 H3b 得到有效支持。

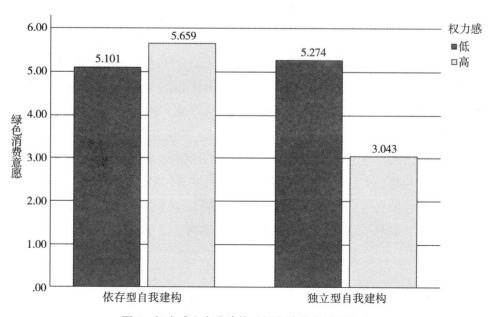

图 2　权力感和自我建构对绿色消费意愿的影响

实验 3 的结果表明，自我建构调节权力感对绿色消费意愿的影响效应。具体来看，在独立型自我建构主导下，相较于高权力感者，低权力感个体更偏好绿色消费。而在依存型自我建构主导下，高、低权力感者的绿色消费意愿均呈现较高水平，但相较于低权力感者，高权力感个体更偏好绿色消费。

6. 结论与启示

6.1 研究结论

本研究探讨权力感对绿色消费意愿的影响机制和边界条件，参照已有成熟研究采用的权力感启动方法、实验刺激物和测量量表，进行三项实验研究，揭示了权力感与绿色消费意愿的关系，主要研究结论如下：第一，文中实验研究结果均表明，权力感会影响绿色消费意愿，即相较于高权力感者，低权力感个体更偏好绿色消费，研究结论具有稳健性。第二，共情在权力感对绿色消费意愿的影响中发挥完全中介作用，即权力感较低（vs. 高）的消费者拥有较强（vs. 低）的共情水平，进而表现出较强（vs. 低）的绿色消费意愿。第三，自我建构是调节权力感对绿色消费意愿影响效应的边界条件，在独立型自我建构主导下，低（vs. 高）权力感个体更偏好绿色消费，而在依存型自我建构主导下，高、低权力感者的绿色消费意愿均呈现较高水平，但高（vs. 低）权力感者更偏好绿色消费。

6.2 理论贡献

一方面，基于权力感的能动—公共导向理论，本文推断且证实共情在权力感对绿色消费意愿影响中发挥中介作用，为诠释权力感影响绿色消费意愿的内在发生机制提供新的研究视角。在权力感影响个体绿色消费的路径中，已有研究基于自我关注（Zhang et al.，2019）、预期内疚感（吴波等，2013）、自我矫饰动机（姚琦等，2020）等视角进行解释，尚未涉及个体的共情能力。本研究填补了这一学术缺口，揭示了共情在权力感对绿色消费意愿影响中的中介作用，进一步丰富和补充了权力感影响绿色消费内在机制研究的相关知识。

另一方面，基于权力解读视角，本研究依据自我建构理论，发现个体的自我建构是权力感影响绿色消费意愿的有效边界条件，这一发现进一步解释了以往研究中存在的关于权力感对绿色消费影响效应的研究分歧现象（Zhang et al.，2019；吴波等，2013；高键和盛光华，2017；姚琦等，2020）。通过探索自我建构对权力感影响绿色消费的调节效应，研究结果表明，不同自我建构导向下的个体对权力存在不同理解，从而导致不同权力感状态个体的绿色消费偏好存在显著差异，这对现有研究成果形成有益补充，在理论上进一步丰富相关研究知识。

6.3　管理启示

文中的研究发现可为企业绿色营销实践活动和营销战略提供有价值的理论指导，帮助企业针对不同权力感的消费者改进沟通方法，进而提高营销沟通效果。

第一，依据本文研究结论，相较于高权力感者，低权力感个体更偏好绿色消费。因此，营销人员可依据权力感进行消费者市场细分。例如针对新能源汽车市场，低权力感的消费者更可能是该行业的目标群体。故企业可以借助大数据，依据消费者的职位、收入、会员身份等社会经济地位信息对消费者的长期权力感特质进行识别，或者通过不同的背景音乐、环境气味和空间位置等方式刺激个体的临时低权力感状态，这将有益于企业的绿色产品销售活动取得成功。

第二，本文也发现，共情能力在权力感对绿色消费意愿的影响机制中发挥中介作用，即低（vs.高）权力感者具有公共导向，关注外部环境，表现出较强的共情水平，关注行为带来的社会效益，更偏好绿色消费。因此，营销者应该注重长期培养消费者对自然和环境的共情。例如在绿色产品宣传过程中，组织各类社区活动、志愿者项目或绿色倡议，增强顾企互动能力，鼓励个体参与其中，进而增强个体的共同体感和社会责任感，加深对环境问题的体验和认同，培育个体自然联结性。

第三，本文研究结论还表明，企业在进行绿色营销活动时，若唤醒个体的依存型自我建构，同样会使高权力感的消费者表现出较强绿色消费意愿，从而满足针对高权力感者的营销策略需要。因此，企业可采用广告、游戏和社交媒体等宣传沟通方式临时启动消费者的依存型自我建构，并在产品包装上强调该产品所体现的身份、地位等信息，以增强营销效果。此外，增强个体的"责任"意识，同样也是吸引消费者购买绿色产品的有效方式。

6.4　研究局限与展望

本研究还存在一些不足之处，有待未来研究中加以改进。首先，权力感可以被区分为内隐权力感和外显权力感、期望式权力感和体验式权力感等类型，而本文仅将权力感划分为高和低，未考虑其他类型权力感对绿色消费偏好的影响，因此未来可以进一步分类深入研究。其次，本文主要采用实验法进行研究，而在实验过程中仅测量被试的绿色产品购买意愿以代表绿色消费意愿，并未对真实的绿色消费行为进行观测，有可能存在绿色消费领域中的"知行不一"情况，未来可开展基于现实情境的田野实验或二手大数据分析，提高研究的外部效度。最后，本文采用的是大学生样本，且年龄跨度为 18~26 岁，虽然能够有效控制收入、受教育程度等因素对研究结果的影响，但研究结论是否可以推及社会其他群体还需进一步验证。

◎ 参考文献

[1] 陈思静，马剑虹. 第三方惩罚与社会规范激活——社会责任感与情绪的作用 [J]. 心理科学，2011，34（3）.

[2] 韩文超，叶明，冷玥．中国大陆版人际反应指针量表的修订与检验 [J]．东南大学学报（哲学社会科学版），2013（S1）．

[3] 高键，盛光华．趋近动机对绿色产品购买意向的影响机制研究 [J]．华东经济管理，2017，31（1）．

[4] 葛万达，盛光华．社会规范对绿色消费的影响及作用机制 [J]．商业研究，2020（1）．

[5] 江红艳，刘邦舜，孙配贞．权力感对消费行为的影响及其理论解释 [J]．心理科学进展，2017，26（1）．

[6] 江红艳，许梦梦，陈红，孙配贞．中国文化背景下权力感对送礼行为的影响：关系取向的调节作用 [J]．管理评论，2019，31（3）．

[7] 靳明，赵昶．绿色农产品消费意愿和消费行为分析 [J]．中国农村经济，2008（5）．

[8] 寇彧，付艳，马艳．初中生认同的亲社会行为的初步研究 [J]．心理发展与教育，2004（4）．

[9] 劳可夫．消费者创新性对绿色消费行为的影响机制研究 [J]．南开管理评论，2013，16（4）．

[10] 李文辉，李婵，沈悦，但菲．大学生共情对利他行为的影响：一个有调节的中介模型 [J]．心理发展与教育，2015，31（5）．

[11] 李文明，殷程强，唐文跃，李向明，杨东旭，张玉玲．观鸟旅游游客地方依恋与亲环境行为——以自然共情与环境教育感知为中介变量 [J]．经济地理，2019，39（1）．

[12] 毛振福，余伟萍，李雨轩．绿色购买意愿形成机制的实证研究——绿色广告诉求与自我建构的交互作用 [J]．当代财经，2017（5）．

[13] 盛光华，戴佳彤，岳蓓蓓．"绿色"的联想：绿色产品包装颜色影响消费者绿色购买意愿的权变机制研究 [J]．外国经济与管理，2021，43（5）．

[14] 王财玉，郑晓旭，余秋婷，等．绿色消费的困境：身份建构抑或环境关心？ [J]．心理科学进展，2019，27（8）．

[15] 王建明，李阿勇，汪逸惟．在线绿色互动如何影响共享型绿色消费行为？——自然联结性的调节作用 [J]．南京工业大学学报（社会科学版），2021，20（5）．

[16] 王艳芝，卢宏亮．权力感知对善因营销产品购买意愿的影响 [J]．消费经济，2018，34（4）．

[17] 王裕豪，袁庆华，徐琴美．自我建构量表（SCS）中文版的初步试用 [J]．中国临床心理学杂志，2008，16（6）．

[18] 吴波，李东进，秦勇．个体权力状态对利他诉求产品偏好影响研究 [J]．营销科学学报，2013，9（4）．

[19] 吴漾，温芳芳，陈真珍，佐斌．权力增加还是降低观点采择？基于本土的验证 [J]．中国临床心理学杂志，2014，22（6）．

[20] 姚琦，李粤梅，吴章建．消费者权力感对促销赠品偏好的影响 [J]．营销科学学报，2023，3（3）．

[21] 姚琦，万秋艳，李世豪．权力感和笑容强度对顾客行为意向的影响 [J]．营销科学学报，2019，15（3）．

[22] 姚琦，吴章建，符国群．一分钱一分货——权力感对消费者价格—质量判断的影响 [J]．南开

管理评论，2020，23（5）.

［23］姚琦，吴章建，张常清，符国群 . 权力感对炫耀性亲社会行为的影响［J］. 心理学报，2020，52（12）.

［24］周静，杨莹，周天爽，孙兰，崔丽娟 . 权力感与亲社会倾向：自我获益的中介和情境的调节作用［J］. 心理科学，2021，44（2）.

［25］朱丽叶，卢泰宏 . 消费者自我建构研究述评［J］. 外国经济与管理，2008（2）.

［26］祝希，孙习祥 . 中国消费者绿色消费动机来源分析——功能性需要还是象征性需要？［J］. 企业经济，2015（12）.

［27］Galinsky, A. D. , Magee, J. C. , Inesi, M. E. , et al. Power and perspectives not taken［J］. Psychological Science, 2006, 17（12）.

［28］Baron-Cohen, S. The extreme male brain theory of autism［J］. Trends in Cognitive Sciences, 2002, 6（6）.

［29］Chen, T. , Razzaq, A. , Qing, P. , et al. Do you bear to reject them? The effect of anthropomorphism on empathy and consumer preference for unattractive produce［J］. Journal of Retailing and Consumer Services, 2021, 61（5）.

［30］Chowdhury, R. M. , Fernando, M. The relationships of empathy, moral identity and cynicism with consumers' ethical beliefs：The mediating role of moral disengagement［J］. Journal of Business Ethics, 2014, 124（4）.

［31］De Waal, F. B. Putting the altruism back into altruism：The evolution of empathy［J］. Annual Review of Psychology, 2008, 59.

［32］Decety, J. , Jackson, P. L. The functional architecture of human empathy［J］. Behavioral and Cognitive Neuroscience Reviews, 2004, 3（2）.

［33］Dodds, W. B. , Monroe, K. B. , Grewal, D. Effects of price, brand, and store information on buyers' product evaluations［J］. Journal of Marketing Research, 1991, 28（3）.

［34］Galinsky, A. D. , Magee, J. C. , Rus, D. , et al. Acceleration with steering：The synergistic benefits of combining power and perspective-taking［J］. Social Psychological and Personality Science, 2014, 5（6）.

［35］Gruenfeld, D. H. , Inesi, M. E. , Magee, J. C. , et al. Power and the objectification of social targets［J］. Journal of Personality and Social Psychology, 2008, 95（1）.

［36］Keltner, D. , Gruenfeld, D. H. , Anderson, C. Power, approach, and inhibition［J］. Psychological Review, 2003, 110（2）.

［37］Lammers, J. , Stoker, J. I. , Stapel, D. A. Differentiating social and personal power：Opposite effects on stereotyping, but parallel effects on behavioral approach tendencies［J］. Psychological Science, 2009, 20（12）.

［38］Lee, S. , Lee, A. Y. , Kern, M. C. Viewing time through the lens of the self：The fit effect of self-construal and temporal distance on task perception［J］. European Journal of Social Psychology, 2011,

41（2）.

［39］Lin, Y. C., Chang, C. C. A. Double standard: The role of environmental consciousness in green product usage ［J］. Journal of Marketing, 2012, 76（5）.

［40］Magee, J. C., Smith, P. K. The social distance theory of power ［J］. Personality and Social Psychology Review, 2013, 17（2）.

［41］Markus, H. R., Kitayama, S. Culture and the self: Implications for cognition, emotion, and motivation ［J］. Psychological Review, 1991, 98（2）.

［42］Rucker, D. D., Galinsky, A. D. Conspicuous consumption versus utilitarian ideals: How different levels of power shape consumer behavior ［J］. Journal of Experimental Social Psychology, 2009, 45（3）.

［43］Rucker, D. D., Galinsky, A. D., Dubois, D. Power and consumer behavior: How power shapes who and what consumers value ［J］. Journal of Consumer Psychology, 2012, 22（3）.

［44］Schalkwijk, F., Stams, G. J., Stegge, H., et al. The conscience as a regulatory function: Empathy, shame, pride, guilt, and moral orientation in delinquent adolescents ［J］. International Journal of Offender Therapy and Comparative Criminology, 2016, 60（6）.

［45］Sreen, N., Purbey, S., Sadarangani, P. Impact of culture, behavior and gender on green purchase intention ［J］. Journal of Retailing and Consumer Services, 2018, 41.

［46］Tjosvold, D., Sagaria, S. D. Effects of relative power on cognitive perspective-taking ［J］. Personality and Social Psychology Bulletin, 1978, 4（2）.

［47］Torelli, C. J., Shavitt, S. The impact of power on information processing depends on cultural orientation ［J］. Journal of Experimental Social Psychology, 2011, 47（5）.

［48］Willer, R. Groups reward individual sacrifice: The status solution to the collective action problem ［J］. American Sociological Review, 2009, 74（1）.

［49］Yan, L., Keh, H. T., Chen, J. Assimilating and differentiating: The curvilinear effect of social class on green consumption ［J］. Journal of Consumer Research, 2021, 47（6）.

［50］Zhang, Y., Ao, J., Deng, J. The influence of high-low power on green consumption: The moderating effect of impression management motivation ［J］. Sustainability, 2019, 11（16）.

Research on the Influence Mechanism of Sense of
Power of Counsumer on Green Consumption Intention

Fan Gongguang   Yang Chuan   Cui Dengfeng

（School of Economics and Management, Shihezi University, Shihezi, 832000）

Abstract: Based on the theory of the Agentic-Communal Model of Power, this paper theoretically elucidated and verified the impact mechanism of different types of sense of power on green consumption intention. The results of three experiments indicate that a sense of power significantly affects green consumption intention, and compared to individuals with a high sense of power, individuals with a low sense of power have a higher intention of green consumption. The psychological mechanism lies in that individuals with low (vs. high) sense of power have a sense of public orientation, concern the external environment, have a strong level of empathy, and pay close attention to the social benefits brought by their behaviors, so they prefer green consumption. Self-construction plays a moderating role in the impact of sense of power on green consumption intention. The research not only supplements the knowledge on the boundary conditions of the impact of sense of power on green consumption intention, but also explains the research divergence of the impact of sense of power on green consumption intention from the perspective of power interpretation, which can provide useful insights for green product marketing practices of enterprises.

Key words：Sense of power；Empathy；Green consumption intention；Self-construction

专业主编：寿志钢

珞珈管理评论
2024 年卷第 2 辑（总第 53 辑）

Luojia Management Review
No. 2，2024（Sum. 53）

独树一帜还是随波逐流？
消费者类型和奢侈品环保信息
交互效应对购买意愿的影响*

● 冯文婷[1]　李　洁[2]　沈先运[2]　刘陈陵[2]

（1　中国地质大学（武汉）珠宝学院　武汉　430074；

2　中国地质大学（武汉）教育研究院心理科学与健康研究中心　武汉　430074）

【摘　要】可持续生产和消费日益成为一个重要的营销领域。消费者对可持续奢侈品的态度具有矛盾性，且不同类型消费者需求各异，但鲜有研究关注消费者类型如何影响其对可持续奢侈品的态度。本研究基于消费者心理需求理论探索了消费者类型（领导、跟随）对可持续奢侈品购买意愿的影响。通过 2 个实证研究发现，消费者类型（领导、跟随）和奢侈品环保信息（可持续、非可持续）的交互作用会显著地影响消费者购买意愿。在领导型消费者情境下，消费者对可持续奢侈品的购买意愿比非可持续奢侈品更高；在跟随型消费者情境下，消费者对非可持续奢侈品的购买意愿比可持续奢侈品更高。消费者心理需求（分化、同化）和奢侈品环保信息（可持续、非可持续）的匹配一致性（势利效应、跟随效应），中介了消费者类型和奢侈品环保信息的交互效应对消费者购买意愿的影响。

【关键词】可持续　奢侈品　消费者类型　心理需求

中图分类号：F713. 50　　　文献标识码：A

1. 引言

可持续生产和消费日益成为一个重要的营销领域。近年来，奢侈品行业越来越多地将可持续视

* 基金项目：国家自然科学基金面上项目"多市场接触、国际多样化与企业市场绩效的关系研究：基于多市场竞争理论和动态能力理论"（72172107）；国家自然科学基金重点项目"全球化和网络化环境下的中国企业品牌国际化营销战略研究"（71532011）。

通讯作者：刘陈陵，E-mail：1684334583@ qq. com。

为一种重要的时尚元素（Amatulli et al.，2018），例如，自 2012 年起，爱马仕一直在实施产品回收项目；阿玛尼则承诺 2020 年起避免在生产过程中使用危险化学品；古驰也在 2017 年宣布不再使用一切动物皮草。此外，在全球可持续时尚峰会上，宝格丽首席执行官提出："作为一个奢侈品品牌，宝格丽以其可持续性发展的品牌理念为傲，在每一个经营环节中坚持合乎道德的生产准则"。这表明，奢侈品品牌热衷于投身可持续性实践活动，开发可持续奢侈品的生产线，可持续奢侈品日益成为一种新的时尚潮流（Li & Leonas，2019）。

可持续奢侈品是指符合环保诉求，具有节能、无害等可持续属性或相关联的奢侈品。现有研究表明，消费者对于可持续奢侈品存在两种矛盾态度：一方面，"可持续"与自我超越、道德和利他主义等相关，而"奢侈品"则与自我导向、精英主义、炫耀性消费等存在密切联系（Kapferer & Michaut，2014），导致一部分消费者对二者的联系产生矛盾感知，进而对可持续奢侈品有较低的评价。另一方面，"可持续"与"奢侈品"之间也存在联系的可能，耐久性和稀有性是二者的桥梁（Carcano，2013）。具体来说，耐久性反映时间的持续性，稀有性则体现产品生产材料的排他性，而奢侈品因其采用优质的原材料并且关注质量，具备了耐久性和稀有性，这样既能减少资源的浪费，也符合可持续的属性。同时，支持可持续消费还有助于树立良好的社会形象（Batat，2020），因此消费者可能会青睐可持续奢侈品（Amatulli et al.，2018）。

那么，可持续环保信息究竟会对消费者奢侈品购买意愿产生怎样的影响？本研究从消费者类型的理论视角，尝试整合前人矛盾的研究结论。Amaldoss 等（2005）将消费者类型总结为领导型消费者和跟随型消费者：领导型消费者更在意产品的独特性和新颖性，购买行为会受购买人数的负向影响；而跟随型消费者会在消费行为中迎合公众舆论或其他消费者期望，购买行为会受购买人数的正向影响。本研究基于最佳独特性理论，探索消费者类型（领导者、跟随者）影响可持续奢侈品购买意愿的内部机制和边界条件，丰富和拓展消费者类型与可持续奢侈品消费的研究文献。本研究共包括 2 个实验。实验一验证消费者类型和可持续环保信息的交互作用能够显著地影响奢侈品购买意愿。实验二验证消费者心理需求（分化、同化）和奢侈品环保信息（可持续、非可持续）的匹配一致性（势利效应、跟随效应），中介了消费者类型和奢侈品环保信息的交互效应对消费者购买意愿的影响。本研究为营销平台如何精准针对不同类型消费者促进可持续奢侈品消费提供理论借鉴和实践指导。

2. 文献综述与研究假设

2.1 可持续奢侈品消费

现有研究中，奢侈品被定义为昂贵、独家的产品和品牌，这些产品和品牌因其精致的设计和工艺、感官吸引力、独特的社会文化叙事而与其他产品区分开来（Wang，2022）。"可持续性"则是指既能够满足个人的基本需求，同时又不影响子孙后代的发展需求的属性（Batat，2020）。近年来，"可持续性"潜移默化地影响人们的生活方式、消费观念和行为，奢侈品的生产和消费也不例外。"可持续性"也已成为大部分奢侈品品牌关注的热点和重要的时尚元素（Li & Leonas，2019），并采取措施使产品具有可持续性。在本研究中，可持续奢侈品是指符合环保诉求，具有节能、无害、绿色等可持续属性或相关联的奢侈品。

以往关于可持续奢侈品消费的研究尚存在争议。一种观点认为，可持续和奢侈品是不兼容的（Kapferer & Michaut，2014），奢侈代表着炫耀和放纵，因此奢侈品可能引起过度消费，这违背了可持续生产和消费的基本原则（Harper & Peattie，2011）。以往研究表明，奢侈品主要与过度享受、个人愉悦、肤浅、炫耀、高质量、引人注目和抵制外部规范影响相关，而可持续性是利他主义、节制、道德和适应社会规范的典型（Amatulli et al.，2020）。此外，在奢侈品中加入可持续性元素会降低消费者对商品整体质量的感知，对消费者购买偏好产生负面影响（Achabou & Dekhili，2013）。例如有机原材料是奢侈品的一个负面卖点（Davies & Streit，2013），并且奢侈品中使用可持续材料也削弱了消费者的价值感知（Dekhili et al.，2019）。

另一种观点则认为奢侈品中增添可持续性元素可以提高消费者对于奢侈品的评价和购买意愿。首先，奢侈品和可持续性之间的兼容性可以用"两者都注重稀有性"来解释。奢侈品采用稀有材料和独特的工艺，客观上属于高质量产品，可持续发展则是通过限制可能超过世界回收水平的材料的过度使用来保护自然资源，两者都具有独特稀有的材料和工艺（Amatulli et al.，2018）。其次，奢侈品蕴含的耐久性和可持续性之间也相匹配。奢侈品因其具有更高的质量标准，比廉价产品更具有可持续性（Heil & Langer，2017）、良好的声誉和社会责任感（Janssen et al.，2014）。

综上所述，可持续元素在奢侈品生产与消费中被越来越多地使用，然而消费者对可持续奢侈品的态度存在差异，主要存在两方面的观点：其一是可持续性和奢侈品之间不相容，消费者对可持续性奢侈品的价值和质量持怀疑态度，从而降低了他们的购买意愿。其二则是奢侈品中增加可持续性元素综合了稀有性和耐久性的两种属性，可持续和奢侈品的结合能够提高消费者的购买意愿。因此，本研究以消费者类型为切入点，基于最佳独特性理论，分析消费者类型对可持续奢侈品购买意愿的影响，整合前人矛盾性研究结论。

2.2 消费者类型

消费者在消费过程中存在各种各样的需求和动机，从而导致对不同的产品有不同的态度。在消费者需求这一领域，凡勃伦（1949）最早把非理性因素引入消费者购买行为，指出消费者存在炫耀的需求，并购买、展示能够证明自己的财富地位的产品，即"炫耀性消费"（conspicuous consumption）。此后，Leibenstein（1950）将消费心理需求划分为从众效应（bandwagon effect）和势利效应（snob effect），其中从众效应指的是"对某种商品需求增加是因为其他消费者也在购买同一种商品"，而势利效应指的是"对某种商品需求下降是因为其他人也在购买同一种商品或其他人正在增加对该商品的消费"。进一步研究表明这两种消费效应满足了人类的普遍需求，从众效应满足了消费者符合社会规范、获得群体认可、融入群体的需求（Bahri-Ammari et al.，2020）；而势利效应则满足了消费者与众不同、将自己与群体区分开来的需求（Tsai et al.，2013）。在这两种消费需求研究的基础上，Amaldoss（2005）将消费者分为两类：领导型消费者和跟随型消费者，其中领导型消费者会将自身的需求放在首位，更在意产品的独特性和新颖性，产品效用会随购买人数增加而降低；跟随型消费者则把其他消费者的期望或行为作为自己行为参照的准则，进而在自己的产品评价、品牌选择以及消费方式上迎合公众舆论或其他消费者期望，产品效用会随着购买人数增加而增加。

此外，上述消费者类型的差异在奢侈品消费中存在不同的影响。一方面，对于领导型消费者而言，产品的稀缺性可以作为一种启发式（例如，稀缺性=独特性的证明、与众不同的彰显）（Parker & Lehmann, 2011），领导型消费者倾向于购买自然生产或供应稀缺性的奢侈品，即奢侈品是不寻常的、新的、独家的或不知名的（Amaldoss & Jain, 2008；Leibenstein, 1950），没有被大多数人采用或超出大众品味（Berger & Ward, 2010）。也就是说，当大多数消费者不喜欢某种奢侈品或该奢侈品流行度不高时，在领导型消费者眼里该奢侈品的价值会增强。此外，独特的设计和个性的外观能够彰显产品的排他性，这也能吸引更多领导型消费者选择购买（Rao & Schaefer, 2013）。另一方面，对于跟随型消费者而言，受欢迎程度可以作为一种启发式（例如，受欢迎程度=正确性、社会认可），多数人购买形成的数量优势传达了其地位的正确性以及社会的接受程度，从而容易引起跟随型消费者的注意（Parker & Lehmann, 2011）。从众消费行为源于多数消费者群体、名人和时尚（Amaldoss & Jain, 2008），明确的认可信号是跟随型消费者选择奢侈品的重要依据（Berger & Ward, 2010）。

2.3 最佳独特性理论

研究表明领导型和跟随型消费者的差异源自消费者内在心理需求的差异，并且与自我建构相关：独立的自我概念驱动领导型消费，而相互依赖的自我概念则驱动跟随型消费（Tsai, et al., 2014）。最佳独特性理论（optimal uniqueness theory）进一步了阐明二者的需求差异，该理论认为个体在构建群体认同时有两个基本需求：同化需求（assimilation needs：渴望融入社会群体，寻求身份认同）和分化需求（differentiation needs：渴望与众不同，追求独特性），并且个体试图平衡这两部分，以适应他们的群体，获得最佳的独特身份（Brewer, 1991）。跟随型消费者以同化需求为主，渴望融入群体；领导型消费者以分化需求为主，追求独特性和排他性（Amaldoss & Jain, 2015；Zheng et al., 2012）。

在奢侈品消费中，消费者类型能够显著地影响购买需求和消费行为。具体而言，跟随型消费者的购买动机是融入社会群体，因此倾向于选择传统奢侈品以迎合大众趋势、与社会规范相符；而领导型消费者的购买动机则是为了能够在群体中将自己与他人进行区分，因此他们会寻求非传统的奢侈品以脱离大众、背离既定社会规范，创造一种独特的、个性化的自我形象。研究表明，领导型消费者购买的奢侈品大多是不寻常和独特的（Kang & Ma, 2020），而跟随型消费者通常会将自己与所崇拜的群体成员进行比较，通过购买主流群体偏好的典型奢侈品来建立与高社会地位群体的联系（Bahri-Ammari et al., 2020；Llamas & Thomsen, 2015）。

综上，领导型消费者和跟随型消费者在购买奢侈品时存在不同偏好，但基本需求是一致的：通过群体分离或是群体隶属，增强自我概念（Dubois & Duquesne, 1993），详见表 1。

表1   消费者类型及其具体差异情况

消费者类型	目　　　标	购买倾向	影响因素
领导者	1. 与大多数奢侈品消费者相分离，保持自身独特性 2. 获得地位（通过与大多数奢侈品消费者不同而获得分化地位）	独特性（如稀缺性、新颖性、差异性）	1. 独立的自我概念 2. 对独特性的需求 3. 地位寻求
跟随者	1. 融入大多数奢侈品消费者（选择大多数人的"富裕生活方式"），与不太富裕的人分离 2. 获得身份（从展现"富裕的生活方式"中获得成员身份；同化）	流行度（如与群体、名人、时尚一致）	1. 相互依赖的自我概念 2. 对规范的敏感性 3. 地位寻求

2.4　消费者类型和奢侈品环保信息的交互效应对消费者购买意愿的影响

在奢侈品消费领域，典型奢侈品以其声望佳（卓越性）、高地位象征、高感知质量、高知名度和代表性等特点，在市场中广泛存在并为大众所熟知（Ko et al.，2016），并且这类典型奢侈品一般是非可持续的。例如，Gucci 经典款 GG Marmont 系列以黄铜色的 GG 标志加上猛兽的配饰，并以纯色小牛皮为原材料。此外，典型奢侈品能唤起消费者群体身份和意识（Phau & Prendergast，2000），更能满足消费者的同化需求。为了获得所属群体认可，跟随型消费者更倾向购买已被认可、具有高地位象征的非可持续奢侈品，并通过展示此类奢侈品满足同化需求（Kastanakis & Balabanis，2012）。此时，跟随型消费者心理需求和非可持续奢侈品相匹配，产生跟随效应，增强了购买意愿。然而，对于领导型消费者，他们更倾向通过购买奢侈品满足分化需求，非可持续奢侈品的大众流行性则与领导型消费者心理需求不匹配，从而削弱了购买意愿。

当奢侈品中加入可持续性元素时，消费者对奢侈品的感知是非典型的，偏离了典型和常见的奢侈品（Amatulli et al.，2021）。而由于非典型发生的概率较低，消费者也更倾向于将非典型产品与排他性以及独特性等属性联系在一起（Creusen & Schoormans，2005）。因此，符合环保诉求，具有节能、无害、绿色等可持续属性的奢侈品，会被视为非凡、独特的，进而带来独特的身份体验，更易于满足消费者的分化需求（Reich et al.，2018）。因此，可持续奢侈品能帮助领导型消费者获得较高的独特性，从而与社会等级中的其他个体相区分，实现分化的心理需求（Griskevicius et al.，2010）。此时，领导型消费者心理需求和可持续奢侈品相匹配，产生势利效应，提高购买意愿。然而，对于跟随型消费者，他们更倾向通过购买奢侈品满足同化需求，可持续奢侈品和跟随型消费者心理需求不匹配，从而降低购买意愿。

如前所述，消费者类型和奢侈品环保信息的交互作用能够显著地影响消费者的购买意愿。具体而言，当消费者为领导型消费者时，个体寻求脱离大众，背离既定的社会规范，以创造一种独特的、个性化的自我形象，满足自身的分化需求。可持续奢侈品的非典型性可以更好地帮助领导型消费者在现有群体中获得独特性，满足其分化需求，从而提高领导型消费者的购买意愿；而非可持续奢侈品的典型性则难以满足领导型消费者的分化需求，从而降低领导型消费者的购买意愿。当消费者为跟随型消费者时，个体倾向通过购买与多数群体成员认可的典型奢侈品以达到融入群体的需要。拥有典型奢侈品让消费者与理想群体产生关联，从而解除与非声望参照群体的联系，满足其同化需求，因此，非可持续奢侈品作为一种被广泛接受的典型奢侈品，能更好地满足跟随型消费者的同化需求，提高跟随型消费者的购买意愿。对于跟随型消费者而言，偏离社会规范会引起被理想群体排斥的担心和恐慌。因此，可持续奢侈品的非典型性并不能满足跟随型消费者的同化需求，会降低此类消费者的购买意愿。综上，本研究提出如下假设：

H1：消费者类型（领导、跟随）和奢侈品环保信息（可持续、非可持续）的交互效应能够显著地影响消费者购买意愿。

H2：消费者心理需求和奢侈品环保信息的匹配性中介了消费者类型（领导、跟随）和奢侈品环保信息（可持续、非可持续）的交互效应对消费者购买意愿的影响。

3. 研究方法

3.1 实验一

实验一的目的是探索消费者类型（领导型 vs. 跟随型）和奢侈品环保信息（可持续 vs. 非可持续）的交互作用对消费者购买意愿的影响，验证假设 H1。

3.1.1 被试选择

根据以往研究确定的中等效应量（effect size $d = 0.50$）及期望功效值（power = 0.80）（Cohen, 2013；Leenaars et al. , 2016），本研究采用 G * Power 3.1 软件，预计需要参与者 179 人以上。因此，本次实验在某商场内以 15 元报酬募集了 200 名消费者完成一系列关于奢侈品（Louis Vuitton 手袋）的调查活动。最终有效样本信息为 $N = 187$，年龄 19~45 岁，平均年龄 $M_{age} = 28.91$，SD = 5.68，女性比例为 50.80%。

3.1.2 前测

研究者为 Louis Vuitton 手袋创造了 2 种不同类型（可持续、非可持续）的环保信息。为确保这一操作的有效性，研究者在网上募集 81 位参与者（年龄 18~34 岁，平均年龄 $M_{age} = 22.98$，SD = 3.08，女性比例为 49.38%），随机分为 2 组，将不同类型的环保信息呈现给各组参与者，详见表 2。

表 2 　　　　　　　　　　奢侈品（Louis Vuitton 手袋）环保信息类型的操控

环保信息类型	品 牌 信 息
非可持续	Louis Vuitton 被公认为奢侈品、地位和羡慕的象征。150 年来，Louis Vuitton 从最初的不起眼，现在发展为技术和创新的代表，是精英阶层梦寐以求的品牌。此次手袋是 Louis Vuitton 最新推出的产品，仅在 Louis Vuitton 专卖店出售
可持续	Louis Vuitton 被公认为奢侈品、地位和赞美的象征。产品在设计时使用植物皮革，并将手工产品的销售与环保行动相结合。每售出一件商品，我们将从下水道中清除一磅垃圾。此次手袋是 Louis Vuitton 最新推出的产品，仅在 Louis Vuitton 专卖店出售

随后，研究者要求参与者评估该信息在多大程度上关注环境的可持续性（7 分量表，1＝0%，7＝100%）。结果表明，可持续组比非可持续组报告了更高的对环境可持续的关注（$M_{可持续}$＝4.80，SD＝0.82，$M_{非可持续}$＝3.46，SD＝0.87，t＝7.11，df＝79，$p<0.001$，d＝1.59），结果确保了实验一操作的有效性。

3.1.3　刺激物设计和实验流程

在主实验中，研究者向参与者介绍 Louis Vuitton 手袋的环保信息（可持续、非可持续），希望征集消费者对奢侈品的意见。阅读信息后，研究人员使用消费者类型量表（Kastanakis，2010）区分参与者类型。该量表共包含 6 个题项，领导型消费者题项如"我打算购买那些很难找到、只有少数人能拥有的奢侈服装"等，而跟随型消费者题项如"我打算买一件非常流行、目前非常时尚的奢侈服装，每个人都会认可和羡慕"等。随后，将参与者分配到 2（消费者类型：领导型 vs. 跟随型）×2（环保信息：可持续 vs. 非可持续）实验设计中，各组参与者样本容量分别为 $n_{可持续、领导}$＝50，$n_{可持续、跟随}$＝46，$n_{非可持续、领导}$＝48，$n_{非可持续、跟随}$＝43。

为了衡量消费者对目标产品的态度，本研究使用购买意愿量表（Dodds et al.，1991）进行测量，该量表包含 5 个题项，例如"我会考虑购买该产品的可能性"等。此外，无论跟随型消费者还是领导型消费者都可能受产品质量的影响，为排除消费者对质量的渴望作为一种替代性解释，以"我非常关注产品质量"等三个问题衡量参与者对质量的渴望（Ordabayeva & Fernandes，2018）。

随后，要求参与者评估他们对 Louis Vuitton 品牌的偏好程度、对环境问题的关注程度、对目标手袋的偏好是否依赖过去的购物经验、是否认为该目标手袋是奢侈品、目标手袋对环境可持续的关注程度等。所有题项均采用 Likert 7 级量表（1 代表非常不同意，7 代表非常同意）。

最后，收集被试的人口统计学信息并予以感谢，询问参与者是否猜测到本次调查的真实目的。

3.1.4　数据分析和讨论

操作检验：13 位参与者对手袋品牌的偏好依赖过去的购物经验，所有参与者都认为目标手袋是奢侈品，没有参与者猜测到本次调查的真实目的。四组参与者对 Louis Vuitton 品牌的偏好不具有显著性差别（$F_{(3, 183)}$＝0.36，p＝0.785，$M_{可持续、领导}$＝4.20，SD＝1.09，$M_{可持续、跟随}$＝4.30，SD＝0.89，$M_{非可持续、领导}$＝4.15，SD＝0.87，$M_{非可持续、跟随}$＝4.12，SD＝0.85），对环境问题的关注不具有显著性差别

（$F_{(3, 183)} = 0.58$，$p = 0.629$，$M_{可持续,领导} = 4.22$，SD = 0.76，$M_{可持续,跟随} = 4.37$，SD = 0.77，$M_{非可持续,领导} = 4.35$，SD = 0.79，$M_{非可持续,跟随} = 4.41$，SD = 0.76），对质量的渴望也不具有显著性差别（$F_{(3, 183)} = 1.47$，$p = 0.225$，$M_{可持续,领导} = 3.94$，SD = 0.68，$M_{可持续,跟随} = 4.09$，SD = 0.81，$M_{非可持续,领导} = 4.17$，SD = 0.86，$M_{非可持续,跟随} = 3.86$，SD = 0.74）。可持续组的参与者对目标产品可持续性的评分高于非可持续组（$M_{可持续} = 4.57$，SD = 0.87，$M_{非可持续} = 3.23$，SD = 0.94，$t = 10.13$，df = 185，$p < 0.001$，$d = 1.48$），操作有效地影响了大部分参与者。

消费者购买意愿：结果表明消费者类型（领导、跟随）和环保信息（可持续、非可持续）的交互效应显著地影响消费者的购买意愿（$F_{(1, 183)} = 187.68$，$p < 0.001$）。具体而言，当奢侈品为可持续时，领导型消费者的购买意愿显著高于跟随型消费者（$M_{领导} = 5.12$，SD = 0.82，$M_{跟随} = 3.43$，SD = 0.81，$t = 10.11$，df = 94，$p < 0.001$，$d = 2.07$）；当奢侈品为非可持续时，跟随型消费者的购买意愿显著高于领导型消费者（$M_{跟随} = 5.21$，SD = 0.67，$M_{领导} = 3.67$，SD = 0.88，$t = 9.28$，df = 89，$p < 0.001$，$d = 1.97$），见图 1。

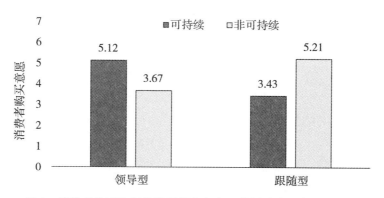

图 1 消费者类型和奢侈品环保信息交互作用对购买意愿的影响

综上，实验一发现消费者类型（领导、跟随）和奢侈品环保信息（可持续、非可持续）的交互效应能够显著地影响消费者购买意愿。当奢侈品为可持续时，领导型消费者的购买意愿显著高于跟随型消费者；当奢侈品为非可持续时，跟随型消费者的购买意愿显著高于领导型消费者。因此，实验二进一步探索上述交互效应影响消费者购买意愿的内部机制。

3.2 实验二

实验二进一步探索消费者类型（领导 vs. 跟随）和奢侈品环保信息（可持续 vs. 非可持续）的交互作用影响消费者购买意愿的内部机制，分析奢侈品环保信息和消费者心理需求的匹配性的中介作用，验证假设 H2。

3.2.1 被试选择

所有参与者被分配到 2（领导 vs. 跟随）×2（可持续 vs. 非可持续）的实验设计中，根据以往研究确定的中等效应量（effect size $d = 0.25$）及期望功效值（power = 0.80）（Cohen, 2013；Leenaars et al., 2016），采用 G * Power 3.1 软件，预计需要参与者 179 人以上。因此，实验二在某商场内以 15 元报酬募集了 200 名消费者完成一系列关于可持续奢侈品（珠宝）的调查活动。最终有效样本容量为 $N = 182$，18~31 岁，平均年龄 $M_{age} = 22.40$，SD = 2.50，女性比例为 55.49%。

3.2.2 前测

研究者创建了一个虚拟的奢侈品珠宝品牌"Veridia Jewelry"，"Veridia Jewelry 是一个专注于奢华、精致和创新的珠宝品牌。我们致力于为客户提供独特而具有艺术性的珠宝设计，每一件作品都是由经验丰富的珠宝工匠精心雕刻而成。Veridia Jewelry 以其执着于卓越工艺和高品质材料、严格的品控和独具匠心的工艺而闻名"，并向参与者展示该品牌的相关信息，见表 3：

表 3 　　　　　　　　　　　　　　　　品牌环保信息操纵

品牌环保信息	具 体 信 息
可持续	我们这款手镯中使用的黑色钻石是从经过认证的可持续开采场所采集。我们重视采集过程的环保性，确保每一块矿石都经过合理的开采方式，并且遵守当地环保法规。手镯由专业技师进行精确的切割和打磨，以保持其原始的自然美感
非可持续	我们这款手镯中使用的黑色钻石是从经过认证的正规开采场所采集。我们重视制作过程的高品质工艺，采用经过认证的白金和其他稀有原材料，追求奢华精致理念。手镯由专业技师进行精确的切割和打磨，以保持其原始的自然美感

为确保操作的有效性，研究者在网上募集 65 位参与者（年龄 18~27 岁，平均年龄 $M_{age} = 21.38$，SD = 1.97，女性比例为 50.77%）。将参与者随机分为两组并呈现对应材料（可持续、非可持续），要求参与者评估目标品牌是否属于奢侈品以及报告该品牌的环保属性。结果表明绝大部分参与者认为该品牌属于奢侈品。同时，可持续组产品相对于非可持续组产品具有更高环保属性（$M_{可持续} = 4.57$，SD = 0.85，$M_{非可持续} = 3.27$，SD = 0.98，$t = 5.75$，df = 63，$p < 0.05$，$d = 1.42$）。上述结果表明实验操纵影响了大部分参与者。

3.2.3 刺激物设计和实验流程

在主实验中，研究者向参与者介绍"Veridia Jewelry"的品牌信息，希望征集消费者对该品牌旗下某产品的建议。本研究使用消费者类型量表（Kastanakis, 2010）区分参与者类型。随后，分别使用分化需求量表（Lynn & Harris, 1997）和同化需求量表（Bearden et al., 1989）以测量参与者的心理需求。根据参与者的分组给予相应的产品环保信息（可持续、非可持续），详情见前测。接着，研究者使用购买意愿量表（Dodds et al., 1991）衡量消费者对目标产品的态度，并衡量参与者对质量的渴望（Ordabayeva & Fernandes, 2018）。此外，研究者还测量了产品的环保信息是否与消费者的同化/分化需求相匹配，要求参与者报告"该产品在多大程度上满足了您对购买奢侈品的心理需求"。

随后，参与者评估他们对环境问题的关注程度、对目标产品的偏好是否依赖过去的购物经验、是否认为该产品为奢侈品、该产品的可持续性。所有题项均采用 Likert 7 级量表（1 代表非常不同意，7 代表非常同意）。最后，收集被试的人口统计学信息并予以感谢，询问参与者是否猜测到本次调查的真实目的。

3.2.4 数据分析和讨论

操作检验：15 位参与者对目标产品的偏好依赖过去的购物经验，3 位参与者认为目标产品是奢侈品，没有参与者猜测到本次调查的真实目的。四组参与者对环境问题的关注不具有显著性差别（$F = 0.33$，$p = 0.805$，$M_{领导\text{-}可持续} = 4.20$，SD = 0.95，$M_{跟随\text{-}可持续} = 4.26$，SD = 0.87，$M_{领导\text{-}非可持续} = 4.36$，SD = 0.83，$M_{跟随\text{-}非可持续} = 4.20$，SD = 0.78），对质量的渴望也不具有显著性差别（$F = 1.30$，$p = 0.277$，$M_{领导\text{-}可持续} = 4.09$，SD = 0.80，$M_{跟随\text{-}可持续} = 4.23$，SD = 0.84，$M_{领导\text{-}非可持续} = 4.00$，SD = 0.74，$M_{跟随\text{-}非可持续} = 4.28$，SD = 0.69）。可持续组的参与者对目标产品可持续性的评分高于非可持续组（$M_{可持续} = 4.24$，SD = 0.77，$M_{非可持续} = 2.97$，SD = 0.77，$t = 11.23$，df = 180，$p < 0.001$，$d = 1.65$），操作有效地影响了大部分参与者。

消费者心理需求：结果表明两组参与者（领导、跟随）的心理需求存在显著差别。在可持续奢侈品情境，领导组的参与者比跟随组的参与者产生更高的分化需求（$M_{领导} = 4.86$，SD = 0.70，$M_{跟随} = 3.70$，SD = 0.75，$t = 7.62$，df = 89，$p < 0.001$，$d = 1.60$），而跟随组的参与者产生更高的同化需求（$M_{领导} = 3.23$，SD = 0.71，$M_{跟随} = 4.43$，SD = 0.74，$t = 7.84$，df = 89，$p < 0.001$，$d = 1.65$）。在非可持续奢侈品情境，领导组的参与者相对于跟随组的参与者有更高的分化需求（$M_{领导} = 4.62$，SD = 1.03，$M_{跟随} = 3.57$，SD = 0.72，$t = 5.69$，df = 89，$p < 0.001$，$d = 1.18$），而跟随组的参与者则相对产生更高的同化需求（$M_{领导} = 3.47$，SD = 0.73，$M_{跟随} = 4.67$，SD = 0.63，$t = 8.45$，df = 89，$p < 0.001$，$d = 1.76$）。

消费者心理需求与环保信息的匹配性：结果表明消费者类型和奢侈品环保信息的交互作用会显著地影响消费者的匹配性感知（心理需求与环保信息一致性）。当奢侈品为可持续时，领导型参与者比跟随型参与者更倾向认为奢侈品能够满足自己的心理需求（$M_{领导} = 4.93$，SD = 0.73，$M_{跟随} = 3.32$，SD = 0.73，$t = 10.58$，df = 89，$p < 0.001$，$d = 2.21$）；而当奢侈品为非可持续时，跟随型参与者比领导型参与者更倾向认为奢侈品能够满足自己的心理需求（$M_{领导} = 3.44$，SD = 0.89，$M_{跟随} = 4.46$，SD = 0.69，$t = 6.06$，df = 89，$p < 0.001$，$d = 1.28$）。

消费者购买意愿：结果表明消费者类型和奢侈品环保信息的交互作用会显著地影响消费者的购买意愿。当奢侈品为可持续时，领导型参与者比跟随型参与者产生更高的购买意愿（$M_{领导} = 5.05$，SD = 0.75，$M_{跟随} = 3.70$，SD = 0.69，$t = 8.93$，df = 89，$p < 0.001$，$d = 1.87$）；当奢侈品为非可持续时，跟随型参与者比领导型参与者更易于产生购买意愿（$M_{领导} = 3.58$，SD = 0.81，$M_{跟随} = 4.63$，SD = 0.74，$t = 6.46$，df = 89，$p < 0.001$，$d = 1.35$）。

调节中介作用分析：使用 Bootstrap 法分析（PROCESS Model 7）（Hayes，2013），以奢侈品环保信息为自变量、消费者心理需求和环保信息匹配性为中介变量、消费者类型为调节变量、消费者购买意愿为因变量进行中介效应分析。结果表明消费者类型和奢侈品环保信息的交互作用能够显著地影响匹配性。同时，心理需求和环保信息的匹配性又会有效地影响消费者的购买意愿。总之，消费者类型和奢侈品环保信息的交互作用能够通过匹配性影响消费者购买意愿，见图 2。

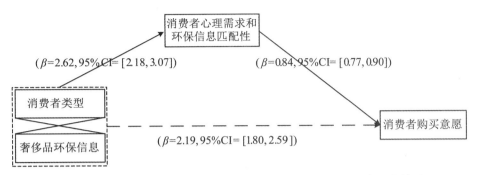

图 2　匹配性中介了消费者类型和环保信息交互作用对购买意愿的关系

综上，实验二发现消费者类型和奢侈品环保信息的交互作用能够显著地影响匹配性，从而导致不同的消费者购买意愿。当消费者类型和奢侈品环保信息匹配性较高时，消费者购买意愿会显著提升，如当领导型消费者遇到满足自身分化需求的可持续奢侈品，就会产生势利效应；而当跟随型消费者遇到满足自身同化需求的非可持续奢侈品，就会产生跟随效应。反之，消费者类型和奢侈品环保信息匹配性较低时，消费者购买意愿会显著下降。

4. 结论和讨论

4.1 结论

本研究通过 2 个实验探索了消费者类型（领导、跟随）和奢侈品环保信息（可持续、非可持续）的交互作用对消费者购买意愿的影响机制和边界条件。首先，实验一表明消费者类型（领导、跟随）和奢侈品环保信息（可持续、非可持续）的交互作用会显著地影响消费者购买意愿。当奢侈品为可持续时，领导型消费者比跟随型消费者产生更高的购买意愿。当奢侈品为非可持续时，跟随型消费者比领导型消费者产生更高的购买意愿。实验二验证了消费者心理需求和奢侈品环保信息的匹配性中介了消费者类型（领导、跟随）和奢侈品环保信息（可持续、非可持续）的交互效应对消费者购买意愿的影响。

4.2 理论贡献

本研究的理论贡献主要体现在以下几个方面：

首先，本研究结合前人已有文献，探索对比了不同类型的消费者（领导、跟随）的概念及其需求，并以此为基础，首次将消费者类型（领导型、跟随型）引入可持续奢侈品的研究领域。以往的研究往往只分析奢侈品领域内消费者个体因素对个体心理和行为的影响，并在此基础上建立了一系

列的模型 (Amaldoss & Jain, 2005), 较少对消费者类型 (领导、跟随) 的概念内涵进行深入的分析, 也缺乏对消费者类型和消费者心理需求之间关系的探索 (Bahri-Ammari et al., 2020)。因此, 本研究的一个重要的理论贡献在于在可持续奢侈品情境中分析消费者类型及其购买偏好。

其次, 本研究丰富了消费者对可持续奢侈品态度的研究。现有研究对可持续奢侈品持有两种截然不同的观点: 一方面, 奢侈品和可持续是两个不相容的概念, 二者本质上有对立的含义 (Kapferer & Michaut, 2014); 另一方面, 奢侈品和可持续也存在联系的可能性, 稀有性和耐久性是这两个概念之间的桥梁 (Carcano, 2013), 因此现有研究对消费者关于可持续奢侈品的态度难以得出一致性结论。本研究则引入消费者类型 (领导、跟随), 整合前人研究中消费者对可持续奢侈品的矛盾态度, 为奢侈品和可持续的关系提供一个新的视角: 不同类型消费者对可持续奢侈品的态度存在差异。领导型消费者存在追求独特自我的分化需求, 对于可持续奢侈品持积极态度, 因为奢侈品可持续因素的象征性方面 "为消费者提供机会来表达他的身份, 反映他的信仰体系, 并享受自我实现的价值" (Papista & Dimitriadis, 2019); 然而, 跟随型消费者存在与某一群体联系、避免偏离规范的同化需求, 但可持续奢侈品的非典型性并不能满足其同化需求, 因此跟随型消费者的可持续奢侈品购买意愿较低。本研究以消费者需求理论为基础, 探索消费者类型 (领导型、跟随型) 与可持续奢侈品购买意愿之间的关系及其潜在机制, 扩展了可持续奢侈品领域的相关研究。

4.3 管理启示

本研究结论对于可持续奢侈品具有实践性指导意义。"深刻理解奢侈品和可持续性成功结合背后的机制, 可以为相关企业的成功和实现向可持续产品的转变提供洞见, 这从社会角度来看是值得探究的" (Kunz et al., 2020)。随着奢侈品行业逐渐向可持续奢侈品过渡, 市场发生巨大改变。本研究重点考察了不同消费者类型对可持续奢侈品的市场效应, 通过探索可持续奢侈品对于不同类型消费者需求的满足从而影响消费者的购买意愿, 为企业如何更有效地针对不同类型的消费者实施不同的策略提供了理论依据。

首先, 根据奢侈品相关文献, 奢侈品细分市场可能是不同的, 消费者也会出现态度和行为的不一致。营销的关键是针对领导型消费者主要强调产品的独特性, 以及如何帮助消费者表达他们自己的独特性; 对于跟随型消费者则更多强调产品的典型性, 以及帮助消费者表达自己的归属需求。

其次, 管理者可以仔细选择最适合区分这两个群体的客户接触点。比如, 零售商可以制订培训计划, 帮助一线员工识别核心关系或个人特征, 从而管理与每种类型客户的后续互动。管理者可以将他们的奢侈品按受欢迎的范围进行分类, 并相应地调整营销组合的元素。面对不同消费者类型的不同心理需求, 商家需要选择不同的店面位置、设计和零售场所。在宣传方面也可以具有群体针对性, 例如, 针对领导型消费者的传播方式是采用口碑传播而不是大众媒体, 可以通过排他性、小圈子活动推广可持续奢侈产品; 对于跟随型消费者, 零售商可以使用明显的商品展示或鼓励顾客与朋友一起购物, 以增加规范和关系效应。

4.4　研究展望

本研究首次将消费者类型引入可持续奢侈品领域，从消费者需求理论视角解释了消费者类型对于可持续奢侈品购买意愿的影响，尽管在理论和实践上都有一定的借鉴意义，但仍然存在一些局限。

首先，未来的研究可以进一步探索是否存在其他潜在机制中介消费者类型对于可持续奢侈品购买意愿的影响。其次，当前的研究并没有详细探索其他一些可能存在的调节变量，未来的研究可以检查其他调节因素，如自我监测和对社会比较的关注（Aagerup & Nilsson，2016）。再次，本研究使用的实验材料均为文本形式，而现实中展现信息的形式多种多样，如视频、图片等，未来研究可以使用可视化更强的信息呈现形式，以提高参与者填写意愿和填写有效性。最后，不同国家的消费者可能会对超越国界和文化的可持续奢侈品表达全球态度（Kapferer & Michaut，2020），未来仍然应该研究跨文化差异。

◎ 参考文献

［1］Aagerup, U., Nilsson, J. Green consumer behavior：Being good or seeming good？［J］. Journal of Product & Brand Management，2016，2.

［2］Achabou, M. A., Dekhili, S. Luxury and sustainable development：Is there a match？［J］. Journal of Business Research，2013，6.

［3］Amaldoss, W., Jain, S. Conspicuous consumption and sophisticated thinking［J］. Manag Sci，2005，51.

［4］Amaldoss, W., Jain, S. Branding conspicuous goods：An analysis of the effects of social influence and competition［J］. Manag Sci，2015，61.

［5］Amatulli, C., Angelis, M. D., Korschun, D., et al. Consumers' perceptions of luxury brands' CSR initiatives：An investigation of the role of status and conspicuous consumption［J］. Journal of Cleaner Production，2018，194.

［6］Amatulli, C., Angelis, M. D., Pino, G., et al. An investigation of unsustainable luxury：How guilt drives negative word-of-mouth［J］. International Journal of Research in Marketing，2020，37.

［7］Amatulli, C., De Angelis, M., Donato, C. The atypicality of sustainable luxury products［J］. Psychology & Marketing，2021，38.

［8］Bahri-Ammari, N., Coulibaly, D., Mimoun, M. S. B. The bandwagon luxury consumption in Tunisian case：The roles of independent and interdependent self concept［J］. Journal of Retailing and Consumer Services，2020，5.

［9］Batat, W. Pillars of sustainable food experiences in the luxury gastronomy sector：A qualitative exploration of Michelin-starred chefs' motivations［J］. Journal of Retailing and Consumer Services，2020，5.

［10］ Berger, J., Ward, M. Subtle signals of inconspicuous consumption ［J］. Journal of Consumer Research, 2010, 37.

［11］ Brewer, M. B. The social self: On being the same and different at the same time ［J］. Personality and Social Psychology Bulletin, 1991, 17.

［12］ Carcano, L. Strategic management and sustainability in luxury companies: The IWC case ［J］. The Journal of Corporate Citizenship, 2013, 13.

［13］ Cohen, J. Statistical power analysis for the behavioral sciences ［M］. Cambridge: Academic Press, 2013.

［14］ Creusen, M. E. H., Schoormans, J. The different roles of product appearance in consumer choice ［J］. Journal of Product Innovation Management, 2004, 22.

［15］ Davies, I., Streit, C. -M. Sustainability isn't sexy: An exploratory study into luxury fashion ［M］. London: Routledge, 2013.

［16］ Dekhili, S., Achabou, M. A., Alharbi, F. R. Could sustainability improve the promotion of luxury products? ［J］. European Business Review, 2019, 31.

［17］ Dodds, W. B., Monroe, K. B., Grewal, D. Effects of price, brand, and store information on buyers' product evaluations ［J］. Journal of Marketing Research, 1991, 28.

［18］ Dubois, B., Duquesne, P. The market for luxury goods: Income versus culture ［J］. European Journal of Marketing, 1993, 27.

［19］ Griskevicius, V., Tybur, J. M., Van Den Bergh, B. Going green to be seen: Status, reputation, and conspicuous conservation ［J］. J Pers Soc Psychol, 2010, 98.

［20］ Harper, G., Peattie, K. Tracking the influence of the first special journal issue on green marketing: A citation network analysis ［J］. Social Business, 2011, 1.

［21］ Heil, O., Langer, D. Identifying the luxury sustainability paradox: Three steps toward a solution ［M］. Singapore: Springer, 2017.

［22］ Janssen, C., Vanhamme, J., Lindgreen, A., et al. The catch-22 of responsible luxury: Effects of luxury product characteristics on consumers' perception of fit with corporate social responsibility ［J］. Journal of Business Ethics, 2014, 119.

［23］ Jr, V., Hutchinson, J. The influence of unity and prototypicality on aesthetic responses to new product design ［J］. Journal of Consumer Research, 1998, 24.

［24］ Kang, I., Ma, I. A study on bandwagon consumption behavior based on fear of missing out and product characteristics ［J］. Sustainability, 2020, 12.

［25］ Kapferer, J. -N., Michaut, A. Is luxury compatible with sustainability? Luxury consumers' viewpoint ［J］. The Journal of Brand Management, 2014, 21.

［26］ Kapferer, J. -N., Michaut, A. Are millennials really more sensitive to sustainable luxury? A cross-generational international comparison of sustainability consciousness when buying luxury ［J］. Journal of Brand Management, 2020, 27.

[27] Kastanakis, M., Balabanis, G. Between the mass and the class: Antecedents of the "bandwagon" luxury consumption behavior [J]. Journal of Business Research, 2012, 65.

[28] Kastanakis, M. N., & Balabanis, G. Explaining variation in conspicuous luxury consumption: An individual differences' perspective [J]. Journal of Business Research, 2014, 67.

[29] Ko, E., Phau, I., Aiello, G. Luxury brand strategies and customer experiences: Contributions to theory and practice [J]. Journal of Business Research, 2016, 69.

[30] Kunz, J., May, S., Schmidt H. Sustainable luxury: Current status and perspectives for future research [J]. Business Research, 2020, 13.

[31] Leenaars, C. H., Zant, J. C., Aussems, A., et al. The Leeds food preference questionnaire after mild sleep restriction—A small feasibility study [J]. Physiol Behav, 2016, 154.

[32] Li, J., Leonas, K. Trends of sustainable development among luxury industry [M]. Singapore: Springer, 2019.

[33] Llamas, R., Thomsen, T. The luxury of igniting change by giving: Transforming yourself while transforming others' lives [J]. Journal of Business Research, 2015, 69.

[34] Lynn, M., Harris, J. Individual differences in the pursuit of self-uniqueness through consumption [J]. Journal of Applied Social Psychology, 1997, 27.

[35] Noseworthy, T. J., Trudel, R. Looks interesting, but what does it do? Evaluation of incongruent product form depends on positioning [J]. Journal of Marketing Research, 2011, 48.

[36] Ordabayeva, N., Fernandes, D. Better or different? How political ideology shapes preferences for differentiation in the social hierarchy [J]. Journal of Consumer Research, 2018, 45.

[37] Papista, E., Dimitriadis, S. Consumer-green brand relationships: Revisiting benefits, relationship quality and outcomes [J]. Journal of Product & Brand Management, 2019, 28.

[38] Parker, J., Lehmann, D. When shelf-based scarcity impacts consumer preferences [J]. Journal of Retailing, 2011, 87.

[39] Phau, I., Prendergast, G. Consuming luxury brands: The relevance of the rarity principle [J]. The Journal of Brand Management, 2000, 8.

[40] Rao, R., Schaefer, R. Conspicuous consumption and dynamic pricing [J]. Marketing Science, 2013, 32.

[41] Reich, T., Kupor, D., Smith, R. Made by mistake: When mistakes increase product preference [J]. Journal of Consumer Research, 2018, 44.

[42] Wang, Y. A conceptual framework of contemporary luxury consumption [J]. International Journal of Research in Marketing, 2022, 39.

[43] Zheng, J.-H., Chiu, C.-H., Choi, T.-M. Optimal advertising and pricing strategies for luxury fashion brands with social influences [J]. IEEE Transactions on Systems Man and Cybernetics - Part A Systems and Humans, 2012, 42.

珞珈管理评论

2024 年卷第 2 辑（总第 53 辑）

Being Unique or Going with the Flow？
The Impact of Consumer Type on Purchase Intentions for Sustainable Luxury Goods

Feng Wenting[1]   Li Jie[2]   Shen Xianyun[2]   Liu Chenling[2]

（1   Gemological Institute, China University of Geosciences（Wuhan）, Wuhan, 430074；

2   Center for Psychological Science and Healthy, Educational Research Institute,

China University of Geosciences（Wuhan）, Wuhan, 430074）

Abstract：Sustainable production and consumption is an increasingly important area of marketing. Consumers' attitudes towards sustainable luxury goods are ambivalent and the needs of different types of consumers vary, but few studies have focused on how consumer type influences their attitudes towards sustainable luxury goods. This study explores the effect of consumer type（leader, follower）on purchase intention of sustainable luxury goods based on the psychological needs theory of consumers. Through 2 empirical studies, it was found that the interaction of consumer type（leader, follower）and luxury environmental information（sustainable, non-sustainable）significantly affects consumers' purchase intention. Consumers' willingness to purchase sustainable luxury goods is higher than non-sustainable luxury goods in the leader consumer context, and it's lower than non-sustainable luxury goods in the follower consumer context. The matching consistency（snobbery effect, followership effect）between consumers' psychological needs（differentiation, assimilation）and environmental information about luxury goods（sustainable, non-sustainable）mediated the effect of the interaction effect of consumer type and environmental information about luxury goods on consumers' purchase intention.

Key words：Sustainable；Luxury；Consumer types；Psychological needs

专业主编：寿志钢

附录 1   测 量 量 表

测量构念	主 要 条 目	测量尺度	量表来源
实验一	1. 该产品在多大程度上关注环境可持续	7 点制 Likert	自编
	2. 您对 Louis Vuitton 品牌的偏好程度	7 点制 Likert	
	3. 您对环境问题的关注程度	7 点制 Likert	
	4. 您对目标手袋的偏好是否依赖过去的购物经验	7 点制 Likert	
	5. 您是否认为该目标手袋是奢侈品	7 点制 Likert	
	6. 目标手袋对环境可持续的关注程度	7 点制 Likert	
实验二	1. 该目标品牌是否属于奢侈品	7 点制 Likert	自编
	2. 该品牌的可持续/非可持续程度	7 点制 Likert	
	3. 该产品在多大程度上满足了您购买奢侈品的需求	7 点制 Likert	

续表

测量构念	主 要 条 目	测量尺度	量表来源
跟随型消费者	1. 我打算买一件非常流行和目前非常时尚的奢侈服装，每个人都会认可和羡慕	7 点制 Likert	Kastanakis（2010）
	2. 我打算买很多名人穿的奢侈服装，这件服装被很多人认为是成功的象征	7 点制 Likert	
	3. 我打算购买很多人选择并穿着的作为成就象征的奢侈服装	7 点制 Likert	
领导型消费者	1. 我打算购买那些很难找到的、只有少数人能拥有的奢侈服装	7 点制 Likert	
	2. 我想买的是限量生产的奢侈服装，它的用户非常与众不同	7 点制 Likert	
	3. 我想买的是刚刚推出的、目前只有一小部分人认可和重视的奢侈服装	7 点制 Likert	
分化需求	1. 我非常喜欢稀有物品	7 点制 Likert	Lynn 和 Harris（1997）
	2. 如果产品稀缺，我更有可能购买该产品	7 点制 Likert	
	3. 我喜欢拥有别人没有的东西	7 点制 Likert	
	4. 比起现成的东西，我更喜欢定制的东西	7 点制 Likert	
	5. 我倾向于成为时尚领导者而不是追随者	7 点制 Likert	
	6. 我喜欢在出售不同寻常商品的商店购物	7 点制 Likert	
	7. 我喜欢在别人之前尝试新产品和服务	7 点制 Likert	
	8. 很少放弃为我购买的产品定制功能的机会	7 点制 Likert	
同化需求	1. 我很少购买最新的时尚款式，除非我确信我的朋友认可它们	7 点制 Likert	Bearden 等（1989）
	2. 别人喜欢我购买的产品和品牌很重要	7 点制 Likert	
	3. 在购买产品时，我一般会购买那些我认为别人会认可的品牌	7 点制 Likert	
	4. 如果其他人可以看到我在使用的产品，我通常会购买他们希望我购买的品牌	7 点制 Likert	
	5. 我想知道哪些品牌产品会给人留下好印象	7 点制 Likert	
	6. 我通过购买其他人购买的相同产品和品牌来获得归属感	7 点制 Likert	
	7. 如果我想像某人一样，我经常会尝试购买与他人购买的品牌相同的品牌	7 点制 Likert	
	8. 我经常通过购买与他人购买的相同产品和品牌来获得他人认同	7 点制 Likert	
对质量的渴望	1. 产品质量对我来说非常重要	7 点制 Likert	Ordabayeva 和 Fernandes（2018）
	2. 我非常关注产品质量	7 点制 Likert	
	3. 产品质量在我的购买过程中起到关键作用	7 点制 Likert	
购买意愿	1. 购买本产品的可能性为	7 点制 Likert	Dodds 等（1991）
	2. 如果我要购买此产品，会考虑以所示价格购买	7 点制 Likert	
	3. 在显示的价格下，我会考虑购买该产品	7 点制 Likert	
	4. 我会考虑购买该产品的可能性为	7 点制 Likert	
	5. 我购买该产品的意愿是	7 点制 Likert	

附录 2

1. 实验刺激物（实验一）

<table>
<tr><td align="center">可持续奢侈品广告宣传</td><td align="center">非可持续奢侈品广告宣传</td></tr>
</table>

2. 实验刺激物（实验二）

<table>
<tr><td align="center">可持续奢侈品广告宣传</td><td align="center">非可持续奢侈品广告宣传</td></tr>
</table>

投 稿 指 南

《珞珈管理评论》是由武汉大学主管、武汉大学经济与管理学院主办的管理类集刊，创办于2007年，由武汉大学出版社出版。2017年始入选《中文社会科学引文索引（2017—2018年）来源集刊目录》（CSSCI），2021年《珞珈管理评论》再次入选《中文社会科学引文索引（2021—2022年）来源集刊目录》，2023年，《珞珈管理评论》入选中国人文社会科学期刊AMI（集刊）核心集刊。

自2022年第40辑起，《珞珈管理评论》每2个月出版1辑。

《珞珈管理评论》以服务中国管理理论与实践的创新为宗旨，以促进管理学学科繁荣发展为使命。本集刊主要发表管理学领域有关本土问题、本土情境的学术论文，介绍知识创造和新方法的运用，推广具有实践基础的研究成果。热忱欢迎国内外管理学研究者踊跃赐稿。敬请投稿者注意以下事项：

1.严格执行双向匿名评审制度；不收取版面费、审稿费等任何费用。

2.启用网上投稿、审稿系统，请作者进入本网站（http://jmr.whu.edu.cn）的"作者中心"在线投稿。根据相关提示操作，即可完成注册、投稿。上传稿内容包括：文章标题、中文摘要（300字左右）、关键词（3～5个）、中图分类号、正文、参考文献、英文标题、英文摘要。完成投稿后，还可以通过"作者中心"在线查询稿件处理状态。如有疑问，可与《珞珈管理评论》编辑部（027-68755911）联系。不接受纸质版投稿。

3.上传文稿为Word和PDF两种格式，请用正式的ＧＢ简体汉字横排书写，文字清晰，标点符号规范合理，句段语义完整，全文连贯通畅，可读性好；全文以10000字左右为宜（有价值的综述性论文，可放宽到15000字，包括图表在内），论文篇幅应与其贡献相匹配。图表、公式、符号、上下角标、外文字母印刷体应符合规范。若论文研究工作受省部级以上基金项目支持，请用脚注方式注明基金名称和项目编号。

4.正文文稿格式为：（中文）主题→作者姓名→工作单位→摘要→关键词（3～5个）→1 引言（正文一级标题）→内容（1．1（正文二级标题）…，1．2 …）……→结论→参考文献→（英文）主题→作者姓名→工作单位→摘要→关键词→附录；摘要不超过300字。

5.来稿录用后，按规定赠予当期印刷物两本（若作者较多，会酌情加寄）。

6.注释、引文和参考文献，各著录项的具体格式请参照网站投稿指南。

7.文责自负。作者须郑重承诺投稿论文为原始论文，文中全部或者部分内容从来没有以任何形式在其他任何刊物上发表过，不存在重复投稿问题，不存在任何剽窃与抄袭。一旦发现论文涉及以上问题，本编辑部有权采取必要措施，挽回不良影响。

8.作者应保证拥有论文的全部版权（包括重印、翻译、图像制作、微缩、电子制作和一切类似的重新制作）。作者向本集刊投稿行为即视作作者同意将该论文的版权，包括纸质出版、电子出版、多媒体出版、网络出版、翻译出版及其他形式的出版权利，自动转让给《珞珈管理评论》编辑部。